Čínska Kuchyňa
Tajomstvá Chuťovej Umenia

Li Wei

Zhrnutie

Vajcia na pare s rybami 10
Vajcia na pare so šunkou a rybami 11
Dusené vajcia s bravčovým mäsom 12
Vyprážané bravčové vajcia 13
Vyprážané vajcia so sójovou omáčkou 14
Polmesiace vajcia 15
Vyprážané vajcia so zeleninou 16
Čínska omeleta 17
Čínska omeleta s fazuľovými klíčkami 18
Karfiolová omeleta 19
Krabia omeleta s hnedou omáčkou 20
Omeleta so šunkou a vodnými gaštanmi 21
Omeleta s homárom 22
Ustricová omeleta 23
Omeleta s krevetami 24
Omeleta s mušľami 25
Omeleta s tofu 26
Omeleta plnená bravčovým mäsom 27
Omeleta plnená krevetami 28
Parené omeletové rolky s kuracou náplňou 29
Ustricové lievance 30
Krevetové lievance 31
Čínske miešané vajcia 32
Miešané vajcia s rybami 33
Miešané vajcia s hubami 34
Miešané vajcia s ustricovou omáčkou 35
Miešané vajcia s bravčovým mäsom 36
Miešané vajcia s bravčovým mäsom a krevetami 37
Miešané vajcia so špenátom 38
Miešané vajíčka s jarnou cibuľkou 39
Miešané vajcia s paradajkami 40
Miešané vajcia so zeleninou 41

Kuracie suflé	42
Krabie suflé	43
Krabie a zázvorové suflé	44
Rybie suflé	45
Krevetové suflé	46
Krevetové suflé s fazuľovými klíčkami	47
Zeleninové suflé	48
Egg Foo Yung	49
Vyprážané vajíčko Foo Yung	50
Krab Foo Yung s hubami	51
Šunka vajcia Foo Yung	52
Pečené bravčové vajce Foo Yung	53
Bravčové vajce a krevety Foo Yung	54
biela ryža	55
Varená hnedá ryža	55
Ryža s hovädzím mäsom	56
Ryža z kuracej pečene	57
Kuracie Ryža A huby	58
Kokosová ryža	59
Ryža z krabieho mäsa	60
Ryža s hráškom	61
Papriková ryža	62
Pošírovaná vaječná ryža	63
Ryža na singapurský spôsob	64
Ryža pomalých lodí	65
Pečená ryža v pare	65
Vyprážaná ryža	66
Mandľová vyprážaná ryža	67
Vyprážaná ryža so slaninkou a vajcom	68
Vyprážaná ryža z hovädzieho mäsa	69
Vyprážaná ryža s mletým hovädzím mäsom	70
Vyprážaná ryža s hovädzím mäsom a cibuľou	71
Kuracia vyprážaná ryža	72
ryža s vyprážanou kačicou	73
Dusená šunková ryža	74
Ryža s údenou šunkou s vývarom	75

bravčové mäso s praženou ryžou 76
Vyprážaná ryža s bravčovým mäsom a krevetami 77
Vyprážaná ryža s krevetami 78
Vyprážaná ryža a hrášok 79
Vyprážaná ryža z lososa 80
Špeciálna vyprážaná ryža 81
Desať vzácnych ryží 82
Vyprážaná ryža s tuniakom 83
Varené vaječné rezance 84
Dusené vaječné rezance 85
Hodené Tagliatelle 86
Smažené rezance 86
Jemné vyprážané rezance 87
Dusené tagliatelle 88
Studené rezance 89
Košíky na rezance 90
Palacinka s rezancami 91
Dusené rezance 92
Mäsové rezance 94
Kuracie tagliatelle 95
Tagliatelle s krabím mäsom 96
Tagliatelle v kari omáčke 97
Dan-Dan Noodles 98
Tagliatelle s vajíčkovou omáčkou 99
Tagliatelle so zázvorom a jarnou cibuľkou 100
Horúce a kyslé rezance 101
Tagliatelle s mäsovou omáčkou 102
Tagliatelle s pošírovaným vajcom 104
Tagliatelle s bravčovým mäsom a zeleninou 105
Priehľadné rezance s mletým bravčovým mäsom 106
Šupky z vajíčok 107
Šupky z varených vajec 108
Čínske palacinky 109
Wonton skiny 110
Špargľa s mušľami 112
Špargľa s vajcovou omáčkou 113

Krevety s liči omáčkou ... 114
Vyprážané krevety s mandarínkou ... 116
Krevety s Mangetoutom ... 117
Krevety s čínskymi hubami ... 119
Restované krevety a hrášok ... 120
Krevety s mangovým chutney ... 121
Vyprážané krevetové guľky s cibuľovou omáčkou ... 123
Mandarínkové krevety s hráškom ... 124
Pekingské krevety ... 125
Krevety s paprikou ... 126
Restované krevety s bravčovým mäsom ... 127
Vyprážané krevety so sherry omáčkou ... 129
Vyprážané sezamové krevety ... 131
Vyprážané krevety so škrupinou ... 132
Vyprážané krevety ... 133
Krevetová tempura ... 134
Sub Gum ... 135
Krevety s tofu ... 137
Krevety s paradajkami ... 138
Krevety s paradajkovou omáčkou ... 139
Krevety s paradajkovou a chilli omáčkou ... 140
Vyprážané krevety s paradajkovou omáčkou ... 141
Krevety so zeleninou ... 143
Krevety s vodnými gaštanmi ... 144
Krevetové knedle ... 145
Abalone s kuracím mäsom ... 146
Abalone so špargľou ... 147
Abalone s hubami ... 149
Abalone s ustricovou omáčkou ... 149
Dusené škeble ... 151
Mušle s fazuľovými klíčkami ... 152
Mušle so zázvorom a cesnakom ... 153
Mušle vyprážané na panvici ... 154
Krabie koláče ... 155
Krabí puding ... 156
Krabie mäso s čínskymi listami ... 157

Krab Foo Yung s fazuľovými klíčkami 158
Zázvorový krab 159
Krab Lo Mein 160
Vyprážaný krab s bravčovým mäsom 162
Vyprážané krabie mäso 163
Vyprážané mäsové guľky zo sépie 164
Kantonský homár 165
Vyprážaný homár 166
Dusený homár so šunkou 166
Homár s hubami 167
Homáre chvosty s bravčovým mäsom 168
Na panvici vyprážaný homár 171
Homáre hniezda 172
Mušle v omáčke z čiernej fazule 174
Mušle so zázvorom 175
Dusené mušle 176
Vyprážané ustrice 177
Ustrice so slaninou 178
Vyprážané ustrice so zázvorom 179
Ustrice s omáčkou z čiernej fazule 180
Hrebenatka s bambusovými výhonkami 181
Vaječné hrebenatky 183
Hrebenatka s brokolicou 184
Hrebenatka so zázvorom 186
Hrebenatka so šunkou 187
Miešané mušle s bylinkami 188
Hrebenatka a cibuľa orestované na panvici 189
Hrebenatka so zeleninou 190
Hrebenatka s paprikou 192
Kalamáre s fazuľovými klíčkami 193
Vyprážané chobotnice 194
Balíčky kalamárov 195
Vyprážané rolky s kalamármi 197
Vyprážané kalamáre 199
Kalamáre so sušenými hubami 200
Kalamáry so zeleninou 201

Hovädzie mäso dusené s anízom 202
Hovädzie mäso so špargľou 203
Hovädzie mäso s bambusovými výhonkami 205
Hovädzie mäso s bambusovými výhonkami a hubami 206
Čínske dusené hovädzie mäso 208
Hovädzie mäso s fazuľovými klíčkami 209
Hovädzie mäso s brokolicou 211
Sezamové mäso s brokolicou 213
Grilované hovädzie mäso 215
Kantonské hovädzie mäso 216
Hovädzie mäso s mrkvou 217
Kešu hovädzie mäso 218

Vajcia na pare s rybami

Pre 4 osoby

225 g filé z morského jazyka, nakrájané na prúžky
30 ml / 2 polievkové lyžice kukuričnej múky (kukuričný škrob)
½ malej zelenej papriky, nakrájanej nadrobno
1 jarná cibuľka (nakrájaná nadrobno).
30 ml / 2 polievkové lyžice arašidového oleja
120 ml / 4 fl oz / ½ šálky kuracieho vývaru
3 vajcia, zľahka rozšľahané
štipka soli

Rybie prúžky zľahka poprášte v kukuričnej múke a potom prebytočnú zmes vytraste. Poukladajte ich do plytkej zapekacej misy. Posypeme paprikou, jarnou cibuľkou a olejom. Zahrejte kurací vývar, vmiešajte ho do vajíčok a dochuťte soľou, potom zmesou zalejte rybu. Nádobu položte na mriežku v parnom hrnci, prikryte a duste asi 40 minút nad vriacou vodou, kým nie je ryba uvarená a vajcia práve stuhnuté.

Vajcia na pare so šunkou a rybami

Pre 4-6 osôb

6 vajec, oddelených

225 g / 8 oz nasekaná (mletá) treska

375 ml / 13 fl oz / 1 ½ šálky horúcej vody

štipka soli

50 g údenej šunky, nakrájanej

15 ml / 1 polievková lyžica arašidového oleja

vetvičky plochého petržlenu

Bielok zmiešame s rybou, polovicou vody a trochou soli a zmes nalejeme do plytkej zapekacej misy. Vaječné žĺtky vymiešame so zvyšnou vodou, šunkou a trochou soli a zalejeme nimi bielkovú zmes. Nádobu položte na mriežku v parnom hrnci, prikryte a duste nad vriacou vodou asi 20 minút, kým vajcia dobre nestuhnú. Olej rozohrejeme do údenia, zalejeme ním vajíčka a podávame ozdobené petržlenovou vňaťou.

Dusené vajcia s bravčovým mäsom

Pre 4 osoby

45 ml / 3 lyžice arašidového oleja
225 g chudého bravčového mäsa, nakrájaného (mleté)
100 g vodných gaštanov, nasekaných (mletých)
1 jarná cibuľka (nasekaná cibuľka).
30 ml / 2 polievkové lyžice sójovej omáčky
5 ml / 1 lyžička soli
120 ml / 4 fl oz / ½ šálky kuracieho vývaru
4 vajcia, zľahka rozšľahané

Rozohrejeme olej a opečieme bravčové mäso, vodné gaštany a jarnú cibuľku do svetlých farieb. Zmiešajte sójovú omáčku a soľ, potom sceďte prebytočný olej a lyžicou vložte do plytkej zapekacej misy. Vývar zohrejeme, vmiešame do vajíčok a zalejeme mäsovou zmesou. Nádobu položte na mriežku v parnom hrnci, prikryte a duste nad vriacou vodou asi 30 minút, kým vajcia nestuhnú.

Vyprážané bravčové vajcia

Pre 4 osoby

100 g / 4 oz mleté bravčové mäso (mleté)
2 malé cibule (nakrájaná cibuľa).
15 ml / 1 polievková lyžica kukuričnej múky (kukuričný škrob)
15 ml / 1 polievková lyžica ryžového vína alebo suchého sherry
15 ml / 1 polievková lyžica sójovej omáčky
2,5 ml / ½ čajovej lyžičky soli
4 vajcia na tvrdo (uvarené na tvrdo).
vyprážať olej
½ hlávkového šalátu nastrúhaného

Vmiešame bravčové mäso, jarnú cibuľku, maizenu, víno alebo sherry, sójovú omáčku a soľ. Vytvarujte okolo vajíčok, aby sa úplne obalili. Rozohrejte olej a smažte vajcia, kým povlak nie je zlatohnedý a uvarený. Vyberte a dobre sceďte a potom podávajte na šalátovom lôžku.

Vyprážané vajcia so sójovou omáčkou

Pre 4 osoby

45 ml / 3 lyžice arašidového oleja

4 vajcia

15 ml / 1 polievková lyžica sójovej omáčky

¼ šalát na hlavu, nakrájaný

Olej zohrejte do veľmi horúceho stavu a na panvici rozbite vajcia. Varíme, kým spodok nie je jemne zlatistý, bohato ich pokvapkáme sójovou omáčkou a otočíme bez toho, aby sme rozbili žĺtok. Smažte ďalšiu minútu. Umiestnite šalát na servírovací tanier a na vrch položte vajcia.

Polmesiace vajcia

Pre 4 osoby

45 ml / 3 lyžice arašidového oleja
4 vajcia
soľ a čerstvo mleté korenie
15 ml / 1 polievková lyžica sójovej omáčky
15 ml / 1 polievková lyžica nasekanej čerstvej plochej petržlenovej vňate

Olej zohrejte do veľmi horúceho stavu a na panvici rozbite vajcia. Varte, kým spodok jemne nezhnedne, potom posypte soľou, korením a sójovou omáčkou. Vajíčko prehneme na polovicu a jemne zatlačíme, aby držalo pohromade. Varte ďalšie 2 minúty do zlatista z oboch strán a potom podávajte posypané petržlenovou vňaťou.

Vyprážané vajcia so zeleninou

Pre 4 osoby

4 sušené čínske huby

30 ml / 2 polievkové lyžice arašidového oleja

2,5 ml / ½ čajovej lyžičky soli

3 jarné cibuľky (nakrájaná cibuľka).

50 g / 2 oz bambusové výhonky, nakrájané na plátky

50 g vodných gaštanov, nakrájaných na plátky

90 ml / 6 polievkových lyžíc kuracieho vývaru

10 ml / 2 čajové lyžičky kukuričnej múky (kukuričný škrob)

15 ml / 1 polievková lyžica vody

5 ml / 1 lyžička cukru

vyprážať olej

4 vajcia

¼ šalát na hlavu, nakrájaný

Namočte huby do teplej vody na 30 minút, potom sceďte. Odstráňte stonky a nakrájajte čiapky. Rozpálime olej a soľ a 30 sekúnd opekáme jarnú cibuľku. Pridajte bambusové výhonky a vodné gaštany a za stáleho miešania smažte 2 minúty. Pridajte vývar, priveďte do varu, prikryte a duste 2 minúty. Kukuričnú krupicu a vodu rozmixujte na pastu a primiešajte ju na panvicu s cukrom. Varte, miešajte, kým omáčka nezhustne. Medzitým rozohrejeme olej a vajíčka na ňom pár minút opekáme, kým okraje nezačnú hnednúť. Hlávkový šalát položte na servírovací tanier, navrch položte vajíčka a polejte horúcou omáčkou.

Čínska omeleta

Pre 4 osoby

4 vajcia

soľ a čerstvo mleté korenie

30 ml / 2 polievkové lyžice arašidového oleja

Zľahka rozšľaháme vajcia a dochutíme soľou a korením. Zahrejte olej, potom nalejte vajcia do panvice a nakloňte panvicu tak, aby vajíčko pokrývalo povrch. Keď vajcia tuhnú, nadvihnite okraje omelety, aby sa surové vajce mohlo podsunúť. Varte do stuhnutia, potom preložte na polovicu a ihneď podávajte.

Čínska omeleta s fazuľovými klíčkami

Pre 4 osoby

100 g sójových klíčkov
4 vajcia
soľ a čerstvo mleté korenie
30 ml / 2 polievkové lyžice arašidového oleja
½ malej zelenej papriky, nasekanej
2 jarné cibuľky (nakrájaná cibuľka).

Fazuľové klíčky varte 2 minúty vo vriacej vode a potom dobre sceďte. Zľahka rozšľaháme vajcia a dochutíme soľou a korením. Rozpálime olej a na panvici 1 minútu orestujeme papriku a jarnú cibuľku. Pridajte fazuľové klíčky a miešajte, kým sa obalia v oleji. Nalejte vajcia do panvice a nakloňte panvicu tak, aby vajíčko pokrývalo povrch. Keď vajcia tuhnú, nadvihnite okraje omelety, aby sa surové vajce mohlo podsunúť. Varte do stuhnutia, potom preložte na polovicu a ihneď podávajte.

Karfiolová omeleta

Pre 4 osoby

1 karfiol, rozobratý na ružičky
225 g kuracieho mäsa, nakrájaného (mleté)
5 ml / 1 lyžička soli
3 bielka, zľahka vyšľahané
2,5 ml / ½ čajovej lyžičky zelerovej soli
45 ml / 3 polievkové lyžice kuracieho vývaru
45 ml / 3 lyžice arašidového oleja

Ružičky karfiolu blanšírujeme vo vriacej vode 10 minút, potom dobre scedíme. Kuracie mäso, soľ, sneh z bielkov, zelerovú soľ a vývar zmiešame. Šľaháme elektrickým šľahačom do hladka. Rozpálime olej, pridáme kuraciu zmes a za stáleho miešania opekáme asi 2 minúty. Pred podávaním pridajte karfiol a za stáleho miešania smažte ďalšie 2 minúty.

Krabia omeleta s hnedou omáčkou

Pre 4 osoby

15 ml / 1 polievková lyžica arašidového oleja

4 rozšľahané vajcia

2,5 ml / ½ čajovej lyžičky soli

200 g krabieho mäsa, vo vločkách

175 ml / 6 fl oz / ¾ šálky kuracieho vývaru

15 ml / 1 polievková lyžica sójovej omáčky

10 ml / 2 čajové lyžičky kukuričnej múky (kukuričný škrob)

45 ml / 3 polievkové lyžice vareného zeleného hrášku

Zahrejte olej. Vajcia a soľ rozšľaháme a vmiešame krabie mäso. Nalejte do panvice a varte, pričom okraje omelety nadvihnite, keď vajcia tuhnú, aby sa surové vajce mohlo podsunúť. Varte do stuhnutia, potom preložte na polovicu a preneste na teplý servírovací tanier. Medzitým si zohrejeme vývar so sójovou omáčkou a kukuričnou múkou a miešame, kým zmes nezovrie a nezhustne. Dusíme 2 minúty a potom vmiešame hrášok. Tesne pred podávaním polejeme omeletu.

Omeleta so šunkou a vodnými gaštanmi

Pre 2 osoby

30 ml / 2 polievkové lyžice arašidového oleja
1 cibuľa, nakrájaná
1 strúčik cesnaku, rozdrvený
50 g šunky, nakrájanej
50 g nasekaných vodných gaštanov
15 ml / 1 polievková lyžica sójovej omáčky
50 g syra čedar
3 rozšľahané vajcia

Zahrejte polovicu oleja a opečte na ňom cibuľu, cesnak, šunku, vodné gaštany a sójovú omáčku, kým jemne nezhnednú. Odstráňte ich z panvice. Zohrejte zvyšný olej, pridajte vajcia a vytiahnite vajíčko do stredu, keď začne tuhnúť, aby sa surové vajce mohlo podsunúť. Keď je vajce akurát hotové, polovicu omelety polejeme šunkovou zmesou, navrch posypeme syrom a preložíme druhou polovicou omelety. Prikryte a varte 2 minúty, potom otočte a varte ďalšie 2 minúty do zlatista.

Omeleta s homárom

Pre 4 osoby

4 vajcia
soľ a čerstvo mleté korenie
30 ml / 2 polievkové lyžice arašidového oleja
3 jarné cibuľky (nakrájaná cibuľka).
100 g mäsa z homára, nakrájaného

Zľahka rozšľaháme vajcia a dochutíme soľou a korením. Rozpálime olej a 1 minútu na ňom orestujeme jarnú cibuľku. Pridajte homára a miešajte, kým sa obalí v oleji. Nalejte vajcia do panvice a nakloňte panvicu tak, aby vajíčko pokrývalo povrch. Keď vajcia tuhnú, nadvihnite okraje omelety, aby sa surové vajce mohlo podsunúť. Varte do stuhnutia, potom preložte na polovicu a ihneď podávajte.

Ustricová omeleta

Pre 4 osoby

4 vajcia

120 ml / 4 fl oz / ½ šálky mlieka

12 vylúpaných ustríc

3 jarné cibuľky (nakrájaná cibuľka).

soľ a čerstvo mleté korenie

30 ml / 2 polievkové lyžice arašidového oleja

50 g chudého bravčového mäsa, nakrájaného

50 g šampiňónov, nakrájaných na plátky

50 g / 2 oz bambusové výhonky, nakrájané na plátky

Vajíčka zľahka rozšľaháme s mliekom, hlivou, jarnou cibuľkou, soľou a korením. Zohrejte olej a opečte bravčové mäso, kým jemne nezhnedne. Pridajte huby a bambusové výhonky a za stáleho miešania smažte 2 minúty. Nalejte vaječnú zmes do panvice a varte, pričom okraje omelety nadvihnite, keď vajcia tuhnú, aby sa surové vajce mohlo podsunúť. Varte do stuhnutia, potom preložte na polovicu, otočte omeletu a varte, kým na druhej strane jemne nezhnedne. Ihneď podávajte.

Omeleta s krevetami

Pre 4 osoby

4 vajcia
15 ml / 1 polievková lyžica ryžového vína alebo suchého sherry
soľ a čerstvo mleté korenie
30 ml / 2 polievkové lyžice arašidového oleja
1 plátok koreňa zázvoru, nasekaný
225 g ošúpaných kreviet

Vajíčka zľahka rozšľaháme s vínom alebo sherry a dochutíme soľou a korením. Zahrejte olej a na panvici opečte zázvor, kým jemne nezhnedne. Pridajte krevety a miešajte, kým nie sú pokryté olejom. Nalejte vajcia do panvice a nakloňte panvicu tak, aby vajíčko pokrývalo povrch. Keď vajcia tuhnú, nadvihnite okraje omelety, aby sa surové vajce mohlo podsunúť. Varte do stuhnutia, potom preložte na polovicu a ihneď podávajte.

Omeleta s mušľami

Pre 4 osoby

4 vajcia
5 ml / 1 lyžička sójovej omáčky
soľ a čerstvo mleté korenie
30 ml / 2 polievkové lyžice arašidového oleja
3 jarné cibuľky (nakrájaná cibuľka).
225 g hrebenatky, nakrájané na polovicu

Vajíčka zľahka rozšľaháme so sójovou omáčkou a dochutíme soľou a korením. Rozpálime olej a opražíme na ňom jarnú cibuľku, kým jemne nezhnedne. Pridajte mušle a za stáleho miešania smažte 3 minúty. Nalejte vajcia do panvice a nakloňte panvicu tak, aby vajíčko pokrývalo povrch. Keď vajcia tuhnú, nadvihnite okraje omelety, aby sa surové vajce mohlo podsunúť. Varte do stuhnutia, potom preložte na polovicu a ihneď podávajte.

Omeleta s tofu

Pre 4 osoby

4 vajcia

soľ a čerstvo mleté korenie

30 ml / 2 polievkové lyžice arašidového oleja

225 g roztlačeného tofu

Zľahka rozšľaháme vajcia a dochutíme soľou a korením. Rozohrejeme olej, pridáme tofu a za stáleho miešania opekáme, kým sa nezohreje. Nalejte vajcia do panvice a nakloňte panvicu tak, aby vajíčko pokrývalo povrch. Keď vajcia tuhnú, nadvihnite okraje omelety, aby sa surové vajce mohlo podsunúť. Varte do stuhnutia, potom preložte na polovicu a ihneď podávajte.

Omeleta plnená bravčovým mäsom

Pre 4 osoby

50 g sójových klíčkov
60 ml / 4 polievkové lyžice arašidového oleja
225 g chudého bravčového mäsa, nakrájaného na kocky
3 jarné cibuľky (nakrájaná cibuľka).
1 stonkový zeler, nakrájaný
15 ml / 1 polievková lyžica sójovej omáčky
5 ml / 1 lyžička cukru
4 vajcia, zľahka rozšľahané
soľ

Fazuľové klíčky blanšírujte vo vriacej vode 3 minúty a potom dobre sceďte. Polovicu oleja zohrejte a bravčové mäso opečte, kým jemne nezhnedne. Pridajte jarnú cibuľku a zeler a restujte 1 minútu. Pridajte sójovú omáčku a cukor a za stáleho miešania smažte 2 minúty. Odstráňte z panvice. Rozšľahané vajcia dochutíme soľou. Zohrejte zvyšný olej a nalejte vajcia do panvice, nakloňte panvicu tak, aby vajíčko pokrývalo povrch. Keď vajcia tuhnú, nadvihnite okraje omelety, aby sa surové vajce mohlo podsunúť. Plnku nalejeme na polovicu omelety a preložíme na polovicu. Varte do stuhnutia a potom ihneď podávajte.

Omeleta plnená krevetami

Pre 4 osoby

30 ml / 2 polievkové lyžice arašidového oleja
2 zelerové tyčinky, nasekané
2 jarné cibuľky (nakrájaná cibuľka).
225 g ošúpaných kreviet, nakrájaných na polovice
4 vajcia, zľahka rozšľahané
soľ

Zahrejte polovicu oleja a orestujte zeler a cibuľu, kým nie sú jemne hnedé. Pridajte krevety a za stáleho miešania ich opekajte, kým sa nezahrejú. Odstráňte z panvice. Rozšľahané vajcia dochutíme soľou. Zohrejte zvyšný olej a nalejte vajcia do panvice, nakloňte panvicu tak, aby vajíčko pokrývalo povrch. Keď vajcia tuhnú, nadvihnite okraje omelety, aby sa surové vajce mohlo podsunúť. Plnku nalejeme na polovicu omelety a preložíme na polovicu. Varte do stuhnutia a potom ihneď podávajte.

Parené omeletové rolky s kuracou náplňou

Pre 4 osoby

4 vajcia, zľahka rozšľahané

soľ

15 ml / 1 polievková lyžica arašidového oleja

100 g vareného kuracieho mäsa, nakrájaného

2 plátky koreňa zázvoru, nasekané

1 cibuľa, nakrájaná

120 ml / 4 fl oz / ½ šálky kuracieho vývaru

15 ml / 1 polievková lyžica ryžového vína alebo suchého sherry

Vajcia rozšľaháme a dochutíme soľou. Zahrejte kvapku oleja a nalejte štvrtinu vajec a nakláňajte ich, aby sa zmes rozložila na panvici. Vyprážajte, kým na jednej strane jemne nezhnedne, položte a potom prevráťte na tanier. Uvaríme zvyšné 4 omelety. Vmiešame kura, zázvor a cibuľu. Zmes rovnomerne rozdeľte medzi omelety, zrolujte, zaistite kokteilovými tyčinkami a rolky poukladajte do plytkej zapekacej misy. Položte na mriežku do parného hrnca, prikryte a duste 15 minút. Preložíme na teplý servírovací tanier a nakrájame na hrubé plátky. Medzitým zohrejeme vývar a sherry a dochutíme soľou. Polejeme omelety a podávame.

Ustricové lievance

Pre 4-6 osôb

12 ustríc
4 vajcia, zľahka rozšľahané
3 jarné cibuľky (plátky cibule).
soľ a čerstvo mleté korenie
6 ml / 4 polievkové lyžice hladkej múky (univerzálne)
2,5 ml / ½ čajovej lyžičky prášku do pečiva
45 ml / 3 lyžice arašidového oleja

Ustrice ošúpeme, necháme si 60 ml / 4 polievkové lyžice likéru a nadrobno nasekáme. Vajíčka zmiešame s hlivou, jarnou cibuľkou, soľou a korením. Zmiešajte múku s práškom do pečiva, miešajte, kým nezískate pastu s ustricovým likérom, a potom zmes vmiešajte do vajec. Rozohrejeme si trochu oleja a po lyžiciach z cesta opekáme malé placky. Varte, kým z každej strany jemne nezhnedne, potom na panvicu pridajte trochu oleja a pokračujte, kým nespotrebujete všetku zmes.

Krevetové lievance

Pre 4 osoby

50 g ošúpaných kreviet, nasekaných
4 vajcia, zľahka rozšľahané
75 g / 3 oz / ½ plnej šálky hladkej múky (univerzálne)
soľ a čerstvo mleté korenie
120 ml / 4 fl oz / ½ šálky kuracieho vývaru
2 jarné cibuľky (nakrájaná cibuľka).
30 ml / 2 polievkové lyžice arašidového oleja

Všetky ingrediencie okrem oleja spolu zmiešame. Zahrejte kvapku oleja, nalejte štvrtinu cesta a nakloňte panvicu tak, aby sa rozložilo po dne. Varte, kým na spodnej strane jemne nezhnedne, potom otočte a opečte druhú stranu. Odstráňte z panvice a pokračujte vo varení zvyšných palaciniek.

Čínske miešané vajcia

Pre 4 osoby

4 rozšľahané vajcia
2 jarné cibuľky (nakrájaná cibuľka).
štipka soli
5 ml / 1 čajová lyžička sójovej omáčky (voliteľné)
30 ml / 2 polievkové lyžice arašidového oleja

Vajcia rozšľaháme s jarnou cibuľkou, soľou a prípadne sójovou omáčkou. Zahrejte olej a potom nalejte vaječnú zmes. Jemne premiešajte vidličkou, kým vajcia nestuhnú. Ihneď podávajte.

Miešané vajcia s rybami

Pre 4 osoby

225 g rybieho filé
30 ml / 2 polievkové lyžice arašidového oleja
1 plátok koreňa zázvoru, nasekaný
2 jarné cibuľky (nakrájaná cibuľka).
4 vajcia, zľahka rozšľahané
soľ a čerstvo mleté korenie

Rybu vložte do rúry odolnej voči rúre a poukladajte na mriežku v parnom hrnci. Prikryte a duste asi 20 minút, potom odstráňte šupku a dužinu. Zohrejte olej a orestujte zázvor a jarnú cibuľku, kým jemne nezhnednú. Pridajte rybu a miešajte, kým sa obalí v oleji. Vajcia dochuťte soľou a korením, potom ich nalejte do panvice a jemne premiešajte vidličkou, kým vajcia nestuhnú. Ihneď podávajte.

Miešané vajcia s hubami

Pre 4 osoby

30 ml / 2 polievkové lyžice arašidového oleja
4 rozšľahané vajcia
3 jarné cibuľky (nakrájaná cibuľka).
štipka soli
5 ml / 1 lyžička sójovej omáčky
100 g húb, nasekaných nahrubo

Zahrejte polovicu oleja a jemne smažte huby niekoľko minút, kým sa nezahrejú, a potom vyberte z panvice. Vajcia rozšľaháme s jarnou cibuľkou, soľou a sójovou omáčkou. Zohrejte zvyšný olej a potom nalejte vaječnú zmes. Jemne premiešajte vidličkou, kým vajcia nezačnú tuhnúť, potom vráťte huby do panvice a varte, kým vajcia práve nestuhnú. Ihneď podávajte.

Miešané vajcia s ustricovou omáčkou

Pre 4 osoby

4 rozšľahané vajcia
3 jarné cibuľky (nakrájaná cibuľka).
soľ a čerstvo mleté korenie
5 ml / 1 lyžička sójovej omáčky
30 ml / 2 polievkové lyžice arašidového oleja
15 ml / 1 polievková lyžica ustricovej omáčky
100 g varenej šunky, nakrájanej
2 vetvičky plochej petržlenovej vňate

Vajíčka rozšľaháme s jarnou cibuľkou, soľou, korením a sójovou omáčkou. Pridajte polovicu oleja. Zohrejte zvyšný olej a potom nalejte vaječnú zmes. Jemne premiešajte vidličkou, kým vajcia nezačnú tuhnúť, potom vmiešajte ustricovú omáčku a varte, kým vajcia nestuhnú. Podávame ozdobené šunkou a petržlenovou vňaťou.

Miešané vajcia s bravčovým mäsom

Pre 4 osoby

225 g chudého bravčového mäsa nakrájaného na plátky
30 ml / 2 polievkové lyžice sójovej omáčky
30 ml / 2 polievkové lyžice arašidového oleja
2 jarné cibuľky (nakrájaná cibuľka).
4 rozšľahané vajcia
štipka soli
5 ml / 1 lyžička sójovej omáčky

Zmiešajte bravčové mäso a sójovú omáčku, aby sa bravčové mäso dobre obalilo. Zohrejte olej a opečte bravčové mäso, kým jemne nezhnedne. Pridáme jarnú cibuľku a 1 minútu restujeme. Vajcia rozšľaháme s jarnou cibuľkou, soľou a sójovou omáčkou a vaječnú zmes nalejeme do panvice. Jemne premiešajte vidličkou, kým vajcia nestuhnú. Ihneď podávajte.

Miešané vajcia s bravčovým mäsom a krevetami

Pre 4 osoby

100 g / 4 oz mleté bravčové mäso (mleté)
225 g ošúpaných kreviet
2 jarné cibuľky (nakrájaná cibuľka).
1 plátok koreňa zázvoru, nasekaný
5 ml / 1 čajová lyžička kukuričnej múky (kukuričný škrob)
15 ml / 1 polievková lyžica ryžového vína alebo suchého sherry
15 ml / 1 polievková lyžica sójovej omáčky
soľ a čerstvo mleté korenie
45 ml / 3 lyžice arašidového oleja
4 vajcia, zľahka rozšľahané

Vmiešajte bravčové mäso, krevety, jarnú cibuľku, zázvor, kukuričnú múčku, víno alebo sherry, sójovú omáčku, soľ a korenie. Zohrejte olej a na panvici opečte bravčovú zmes, kým jemne nezhnedne. Nalejte vajcia a jemne premiešajte vidličkou, kým vajcia nebudú stuhnuté. Ihneď podávajte.

Miešané vajcia so špenátom

Pre 4 osoby

45 ml / 3 lyžice arašidového oleja
225 g špenátu
4 rozšľahané vajcia
2 jarné cibuľky (nakrájaná cibuľka).
štipka soli

Polovicu oleja zohrejte a špenát pár minút opekajte, kým nebude svetlozelený, ale nezvädne. Vyberte ju z panvice a jemne nakrájajte. Vajcia rozšľaháme s jarnou cibuľkou, soľou a prípadne sójovou omáčkou. Vmiešame špenát. Zahrejte olej a potom nalejte vaječnú zmes. Jemne premiešajte vidličkou, kým vajcia nestuhnú. Ihneď podávajte.

Miešané vajíčka s jarnou cibuľkou

Pre 4 osoby

4 rozšľahané vajcia

8 nasekaných jarných cibuľiek (cibuliek).

soľ a čerstvo mleté korenie

5 ml / 1 lyžička sójovej omáčky

30 ml / 2 polievkové lyžice arašidového oleja

Vajíčka rozšľaháme s jarnou cibuľkou, soľou, korením a sójovou omáčkou. Zahrejte olej a potom nalejte vaječnú zmes. Jemne premiešajte vidličkou, kým vajcia nestuhnú. Ihneď podávajte.

Miešané vajcia s paradajkami

Pre 4 osoby

4 rozšľahané vajcia
2 jarné cibuľky (nakrájaná cibuľka).
štipka soli
30 ml / 2 polievkové lyžice arašidového oleja
3 paradajky, olúpané a nakrájané

Vajcia rozšľaháme s jarnou cibuľkou a soľou. Zahrejte olej a potom nalejte vaječnú zmes. Jemne premiešajte, kým vajcia nezačnú tuhnúť, potom pridajte paradajky a pokračujte vo varení za stáleho miešania, kým nestuhnú. Ihneď podávajte.

Miešané vajcia so zeleninou

Pre 4 osoby

30 ml / 2 polievkové lyžice arašidového oleja
5 ml / 1 lyžička sezamového oleja
1 zelená paprika, nakrájaná na kocky
1 strúčik cesnaku, mletý
100 g snehového hrášku (hrášku), rozpoleného
4 rozšľahané vajcia
2 jarné cibuľky (nakrájaná cibuľka).
štipka soli
5 ml / 1 lyžička sójovej omáčky

Zahrejte polovicu arašidového (arašidového) oleja so sezamovým olejom a za stáleho miešania opečte papriku a cesnak, kým jemne nezhnednú. Pridajte snehový hrášok a za stáleho miešania smažte 1 minútu. Vajíčka rozšľaháme s jarnou cibuľkou, soľou a sójovou omáčkou a zmes nalejeme na panvicu. Jemne premiešajte vidličkou, kým vajcia nestuhnú. Ihneď podávajte.

Kuracie suflé

Pre 4 osoby

100 g mletých kuracích pŕs

(Zem)

45 ml / 3 polievkové lyžice kuracieho vývaru

2,5 ml / ½ čajovej lyžičky soli

4 bielka

75 ml / 5 polievkových lyžíc arašidového oleja

Kuracie mäso, vývar a soľ dobre premiešame. Z bielkov vyšľaháme tuhý sneh a vmiešame ho do zmesi. Zahrejte olej do údenia, pridajte zmes a dobre premiešajte, potom znížte teplotu a pokračujte vo varení za mierneho miešania, kým zmes nie je pevná.

Krabie suflé

Pre 4 osoby

100 g krabieho mäsa, vo vločkách

soľ

15 ml / 1 polievková lyžica kukuričnej múky (kukuričný škrob)

120 ml / 4 fl oz / ½ šálky mlieka

4 bielka

75 ml / 5 polievkových lyžíc arašidového oleja

Vmiešame krabie mäso, soľ, kukuričný škrob a dobre premiešame. Z bielkov vyšľaháme tuhý sneh a vmiešame ho do zmesi. Zahrejte olej do údenia, pridajte zmes a dobre premiešajte, potom znížte teplotu a pokračujte vo varení za mierneho miešania, kým zmes nie je pevná.

Krabie a zázvorové suflé

Pre 4 osoby

75 ml / 5 polievkových lyžíc arašidového oleja

2 plátky koreňa zázvoru, nasekané

1 jarná cibuľka (nasekaná cibuľka).

100 g krabieho mäsa, vo vločkách

soľ

15 ml / 1 polievková lyžica ryžového vína alebo suchého sherry

120 ml / 4 ft oz / k šálka mlieka

60 ml / 4 polievkové lyžice kuracieho vývaru

15 ml / 2 polievkové lyžice kukuričnej múky (kukuričný škrob)

4 bielka

5 ml / 1 lyžička sezamového oleja

Zahrejte polovicu oleja a orestujte zázvor a cibuľu, kým nezmäknú. Vmiešame krabie mäso a soľ, odstavíme z ohňa a necháme mierne vychladnúť. Vmiešajte víno alebo sherry, mlieko, vývar a kukuričnú múčku a potom vmiešajte do zmesi krabieho mäsa. Z bielkov vyšľaháme tuhý sneh a vmiešame ho do zmesi. Zvyšný olej zohrejte do údenia, pridajte zmes a dobre premiešajte, potom znížte oheň a pokračujte vo varení za mierneho miešania, kým zmes nie je pevná.

Rybie suflé

Pre 4 osoby

3 vajcia, oddelené

5 ml / 1 lyžička sójovej omáčky

5 ml / 1 lyžička cukru

soľ a čerstvo mleté korenie

450 g rybieho filé

45 ml / 3 lyžice arašidového oleja

Vaječné žĺtky vymiešame so sójovou omáčkou, cukrom, soľou a korením. Rybu nakrájajte na veľké kusy. Ponorte ryby do zmesi, kým nie sú dobre pokryté. Rozpálime olej a rybu na spodnej strane opečieme do ružova. Medzitým si z bielkov vyšľaháme tuhý sneh. Rybu otočíme a rybu polejeme bielkom. Varte 2 minúty, kým spodok jemne nezhnedne, potom znova otočte a varte ďalšiu minútu, kým bielok neztuhne a nezozlatne. Podávame s paradajkovou omáčkou.

Krevetové suflé

Pre 4 osoby

225 g ošúpaných kreviet, nasekaných
1 plátok koreňa zázvoru, nasekaný
15 ml / 1 polievková lyžica ryžového vína alebo suchého sherry
15 ml / 1 polievková lyžica sójovej omáčky
soľ a čerstvo mleté korenie
4 bielka
45 ml / 3 lyžice arašidového oleja

Vmiešajte krevety, zázvor, víno alebo sherry, sójovú omáčku, soľ a korenie. Z bielkov vyšľaháme tuhý sneh a vmiešame ho do zmesi. Zahrejte olej do údenia, pridajte zmes a dobre premiešajte, potom znížte teplotu a pokračujte vo varení za mierneho miešania, kým zmes nie je pevná.

Krevetové suflé s fazuľovými klíčkami

Pre 4 osoby

100 g sójových klíčkov
100 g ošúpaných kreviet, nahrubo nasekaných
2 jarné cibuľky (nakrájaná cibuľka).
5 ml / 1 čajová lyžička kukuričnej múky (kukuričný škrob)
15 ml / 1 polievková lyžica ryžového vína alebo suchého sherry
120 ml / 4 fl oz / ½ šálky kuracieho vývaru
soľ
4 bielka
45 ml / 3 lyžice arašidového oleja

Fazuľové klíčky blanšírujte vo vriacej vode 2 minúty, potom sceďte a udržiavajte teplé. Medzitým zmiešame krevety, cibuľu, maizenu, víno alebo sherry a vývar a dochutíme soľou. Z bielkov vyšľaháme tuhý sneh a vmiešame ho do zmesi. Zahrejte olej do údenia, pridajte zmes a dobre premiešajte, potom znížte teplotu a pokračujte vo varení za mierneho miešania, kým zmes nie je pevná. Poukladáme na teplý servírovací tanier a ozdobíme fazuľovými klíčkami.

Zeleninové suflé

Pre 4 osoby

5 vajec, oddelených
3 zemiaky, strúhané
1 malá cibuľa, nakrájaná nadrobno
15 ml / 1 polievková lyžica nasekanej čerstvej petržlenovej vňate
5 ml / 1 lyžička sójovej omáčky
soľ a čerstvo mleté korenie

Z bielkov vyšľaháme tuhý sneh. Vaječné žĺtky vyšľaháme na svetlé a husté, potom pridáme zemiaky, cibuľu, petržlenovú vňať a sójovú omáčku a dobre premiešame.

Zapracujeme vaječné bielky. Vylejeme do vymastenej zapekacej misy a pečieme vo vyhriatej rúre na 180°C/350°F/plyn stupeň 4 asi 40 minút.

Egg Foo Yung

Pre 4 osoby

4 vajcia, zľahka rozšľahané

soľ

100 g vareného kuracieho mäsa, nakrájaného

1 cibuľa, nakrájaná

2 zelerové tyčinky, nasekané

50 g nasekaných húb

30 ml / 2 polievkové lyžice arašidového oleja

vajcia foo yung omáčka

Zmiešajte vajcia, soľ, kuracie mäso, cibuľu, zeler a huby. Zohrejte trochu oleja a nalejte štvrtinu zmesi do panvice. Smažte, kým spodná strana jemne nezhnedne, potom otočte a opečte druhú stranu. Podávame s vaječným foo yung omáčkou.

Vyprážané vajíčko Foo Yung

Pre 4 osoby

4 vajcia, zľahka rozšľahané
5 ml / 1 lyžička soli
100 g údenej šunky, nakrájanej
100 g nasekaných húb
15 ml / 1 polievková lyžica sójovej omáčky
vyprážať olej

Vajcia zmiešame so soľou, šunkou, šampiňónmi a sójovou omáčkou. Olej rozohrejeme a po lyžiciach zmesi opatrne nalejeme do oleja. Varte, kým nevyplávajú na povrch, otáčajte ich, kým nie sú z oboch strán zlaté. Odstráňte z oleja a sceďte, kým varíte zvyšné palacinky.

Krab Foo Yung s hubami

Pre 4 osoby

6 vajec, rozšľahaných
45 ml / 3 lyžice kukuričnej múky (kukuričný škrob)
100 g krabieho mäsa
100 g húb, nakrájaných na kocky
100 g / 4 oz mrazeného hrášku
2 jarné cibuľky (nakrájaná cibuľka).
5 ml / 1 lyžička soli
45 ml / 3 lyžice arašidového oleja

Rozšľahajte vajcia a potom pridajte kukuričnú múku. Pridajte všetky zvyšné ingrediencie okrem oleja. Zohrejte trochu oleja a zmes po troškách nalejte na panvicu, aby ste vytvorili malé placky s priemerom asi 7,5 cm. Vyprážajte, kým spodok jemne nezhnedne, potom otočte a opečte aj druhú stranu. Pokračujte, kým nespotrebujete všetku zmes.

Šunka vajcia Foo Yung

Pre 4 osoby

60 ml / 4 polievkové lyžice arašidového oleja
50 g / 2 oz bambusové výhonky, nakrájané na kocky
50 g vodných gaštanov, nakrájaných na kocky
2 jarné cibuľky (nakrájaná cibuľka).
2 stonky zeleru, nakrájané na kocky
50 g údenej šunky, nakrájanej na kocky
15 ml / 1 polievková lyžica sójovej omáčky
2,5 ml / ½ lyžičky cukru
2,5 ml / ½ čajovej lyžičky soli
4 vajcia, zľahka rozšľahané

Rozohrejte polovicu oleja a na panvici opečte bambusové výhonky, vodné gaštany, jarnú cibuľku a zeler asi 2 minúty. Vmiešame šunku, sójovú omáčku, cukor a soľ, vyberieme z panvice a necháme mierne vychladnúť. Zmes vmiešame do vyšľahaných vajec. Zohrejte trochu zvyšného oleja a zmes postupne nalejte na panvicu, aby ste vytvorili malé placky s priemerom asi 7,5 cm. Vyprážajte, kým spodok jemne nezhnedne, potom otočte a opečte aj druhú stranu. Pokračujte, kým nespotrebujete všetku zmes.

Pečené bravčové vajce Foo Yung

Pre 4 osoby

4 sušené čínske huby
60 ml / 3 polievkové lyžice arašidového oleja
100 g / 4 oz pečené bravčové mäso, strúhané
100 g čínskej kapusty, nakrájanej
50 g / 2 oz bambusové výhonky, nakrájané na plátky
50 g vodných gaštanov, nakrájaných na plátky
4 vajcia, zľahka rozšľahané
soľ a čerstvo mleté korenie

Namočte huby do teplej vody na 30 minút, potom sceďte. Odstráňte stonky a nakrájajte čiapky. Zahrejte 30 ml/2 polievkové lyžice oleja a za stáleho miešania opečte huby, bravčové mäso, kapustu, bambusové výhonky a vodné gaštany 3 minúty. Vyberte z panvice a nechajte mierne vychladnúť, potom vmiešajte do vajec a dochuťte soľou a korením. Zohrejte trochu zvyšného oleja a zmes postupne nalejte na panvicu, aby ste vytvorili malé placky s priemerom asi 7,5 cm. Vyprážajte, kým spodok jemne nezhnedne, potom otočte a opečte aj druhú stranu. Pokračujte, kým nespotrebujete všetku zmes.

Bravčové vajce a krevety Foo Yung

Pre 4 osoby

45 ml / 3 lyžice arašidového oleja
100 g chudého bravčového mäsa nakrájaného na plátky
1 cibuľa, nakrájaná
225 g ošúpaných kreviet nakrájaných na vločky
50 g bok choy, nasekané
4 vajcia, zľahka rozšľahané
soľ a čerstvo mleté korenie

Zahrejte 30 ml/2 polievkové lyžice oleja a duste bravčové mäso s cibuľou, kým jemne nezhnedne. Pridáme krevety a za stáleho miešania opekáme, kým sa obalia na oleji, potom pridáme kapustu, dobre premiešame, prikryjeme a dusíme 3 minúty. Vyberte z panvice a nechajte mierne vychladnúť. Mäsovú zmes pridáme k vajíčkam a dochutíme soľou a korením. Zohrejte trochu zvyšného oleja a zmes postupne nalejte na panvicu, aby ste vytvorili malé placky s priemerom asi 7,5 cm. Vyprážajte, kým spodok jemne nezhnedne, potom otočte a opečte aj druhú stranu. Pokračujte, kým nespotrebujete všetku zmes.

biela ryža

Pre 4 osoby

225 g / 8 uncí / 1 šálka dlhozrnnej ryže
15 ml / 1 polievková lyžica oleja
750 ml / 1 ¼ bodu / 3 šálky vody

Umyte ryžu a vložte ju do hrnca. Pridajte vodu do oleja a potom ju pridajte na panvicu tak, aby bola asi palec nad ryžou. Priveďte do varu, prikryte tesne priliehajúcou pokrievkou, znížte teplotu a varte 20 minút.

Varená hnedá ryža

Pre 4 osoby

225 g / 8 uncí / 1 šálka dlhozrnnej hnedej ryže
5 ml / 1 lyžička soli
900 ml / 1 ½ bodu / 3 ¾ šálky vody

Umyte ryžu a vložte ju do hrnca. Pridajte soľ a vodu tak, aby bola asi 3 cm nad ryžou. Priveďte do varu, prikryte tesne priliehajúcou pokrievkou, znížte teplotu a varte 30 minút, pričom dávajte pozor, aby nevyschla.

Ryža s hovädzím mäsom

Pre 4 osoby

225 g / 8 uncí / 1 šálka dlhozrnnej ryže
100 g / 4 oz nakrájané hovädzie mäso (mleté)
1 plátok koreňa zázvoru, nasekaný
15 ml / 1 polievková lyžica sójovej omáčky
15 ml / 1 polievková lyžica ryžového vína alebo suchého sherry
5 ml / 1 čajová lyžička arašidového oleja
2,5 ml / ½ lyžičky cukru
2,5 ml / ½ čajovej lyžičky soli

Vložte ryžu do veľkej panvice a priveďte do varu. Prikryjeme a dusíme asi 10 minút, kým sa väčšina tekutiny nevstrebe. Zmiešajte zvyšné ingrediencie, poukladajte ich na ryžu, prikryte a varte ďalších 20 minút na miernom ohni, kým sa neuvaria. Pred podávaním ingrediencie premiešajte.

Ryža z kuracej pečene

Pre 4 osoby

225 g / 8 uncí / 1 šálka dlhozrnnej ryže

375 ml kuracieho vývaru

soľ

2 uvarené kuracie pečienky, nakrájané na tenké plátky

Vložte ryžu a vývar do veľkej panvice a priveďte do varu. Prikryjeme a dusíme asi 10 minút, kým ryža nie je takmer mäkká. Odstráňte pokrievku a pokračujte v dusení, kým sa väčšina vývaru nevstrebe. Dochutíme soľou, vmiešame kuracie pečienky a pred podávaním jemne prehrejeme.

Kuracie Ryža A huby

Pre 4 osoby

225 g / 8 uncí / 1 šálka dlhozrnnej ryže
100 g kuracieho mäsa, nakrájaného
100 g húb, nakrájaných na kocky
5 ml / 1 čajová lyžička kukuričnej múky (kukuričný škrob)
5 ml / 1 lyžička sójovej omáčky
5 ml / 1 lyžička ryžového vína alebo suchého sherry
štipka soli
15 ml / 1 polievková lyžica nasekanej jarnej cibuľky (cibuľky)
15 ml / 1 polievková lyžica ustricovej omáčky

Vložte ryžu do veľkej panvice a priveďte do varu. Prikryjeme a dusíme asi 10 minút, kým sa väčšina tekutiny nevstrebe. Zmiešajte všetky zvyšné ingrediencie okrem jarnej cibuľky a ustricovej omáčky, poukladajte na ryžu, prikryte a varte ďalších 20 minút na miernom ohni, kým sa neuvaria. Suroviny zmiešame a pred podávaním posypeme jarnou cibuľkou a ustricovou omáčkou.

Kokosová ryža

Pre 4 osoby

225 g / 8 oz / 1 šálka thajskej voňavej ryže
1 l / 1¾ bodov / 4¼ šálky kokosového mlieka
150 ml / ¼ pt / štedré ½ šálky kokosovej smotany
1 vetvička koriandra, nasekaná
štipka soli

Na panvici privedieme všetky ingrediencie do varu, prikryjeme a ryžu za občasného miešania necháme na miernom ohni napučať asi 25 minút.

Ryža z krabieho mäsa

Pre 4 osoby

225 g / 8 uncí / 1 šálka dlhozrnnej ryže
100 g krabieho mäsa, vo vločkách
2 plátky koreňa zázvoru, nasekané
15 ml / 1 polievková lyžica sójovej omáčky
15 ml / 1 polievková lyžica ryžového vína alebo suchého sherry
5 ml / 1 čajová lyžička arašidového oleja
5 ml / 1 čajová lyžička kukuričnej múky (kukuričný škrob)
soľ a čerstvo mleté korenie

Vložte ryžu do veľkej panvice a priveďte do varu. Prikryjeme a dusíme asi 10 minút, kým sa väčšina tekutiny nevstrebe. Zmiešajte zvyšné ingrediencie, poukladajte ich na ryžu, prikryte a varte ďalších 20 minút na miernom ohni, kým sa neuvaria. Pred podávaním ingrediencie premiešajte.

Ryža s hráškom

Pre 4 osoby

225 g / 8 uncí / 1 šálka dlhozrnnej ryže
350 g / 12 uncí hrášku
30 ml / 2 polievkové lyžice sójovej omáčky

Vložte ryžu a vývar do veľkej panvice a priveďte do varu. Pridáme hrášok, prikryjeme a dusíme asi 20 minút, kým ryža nie je takmer mäkká. Odstráňte pokrievku a pokračujte v varení, kým sa väčšina tekutiny neabsorbuje. Prikryjeme a necháme 5 minút odpočívať na ohni, potom podávame posypané sójovou omáčkou.

Papriková ryža

Pre 4 osoby

225 g / 8 uncí / 1 šálka dlhozrnnej ryže
2 jarné cibuľky (nakrájaná cibuľka).
1 červená paprika, nakrájaná na kocky
45 ml / 3 lyžice sójovej omáčky
30 ml / 2 polievkové lyžice arašidového oleja
5 ml / 1 lyžička cukru

Ryžu dáme na panvicu, zalejeme studenou vodou, privedieme do varu, prikryjeme a dusíme asi 20 minút do mäkka. Dobre sceďte, pridajte jarnú cibuľku, korenie, sójovú omáčku, olej a cukor. Preložíme do vyhriatej servírovacej misy a ihneď podávame.

Pošírovaná vaječná ryža

Pre 4 osoby

225 g / 8 uncí / 1 šálka dlhozrnnej ryže
4 vajcia
15 ml / 1 polievková lyžica ustricovej omáčky

Ryžu dáme na panvicu, zalejeme studenou vodou, privedieme do varu, prikryjeme a dusíme asi 10 minút do mäkka. Scedíme a poukladáme na teplý servírovací tanier. Medzitým priveďte do varu panvicu s vodou, opatrne rozbite vajcia a varte niekoľko minút, kým bielka nestuhnú, ale vajcia sú stále vlhké. Zdvihnite z panvice dierovanou lyžicou a poukladajte na ňu ryžu. Podávame posypané ustricovou omáčkou.

Ryža na singapurský spôsob

Pre 4 osoby

225 g / 8 uncí / 1 šálka dlhozrnnej ryže
5 ml / 1 lyžička soli
1,2 l / 2 pt / 5 šálok vody

Umyte ryžu a potom ju vložte do hrnca so soľou a vodou. Priveďte do varu, potom znížte teplotu a varte asi 15 minút, kým ryža nezmäkne. Pred podávaním sceďte v cedníku a opláchnite horúcou vodou.

Ryža pomalých lodí

Pre 4 osoby

225 g / 8 uncí / 1 šálka dlhozrnnej ryže

5 ml / 1 lyžička soli

15 ml / 1 polievková lyžica oleja

750 ml / 1 ¼ bodu / 3 šálky vody

Umyte ryžu a vložte ju do pekáča so soľou, olejom a vodou. Prikryte a pečte v predhriatej rúre na 120 °C/250 °F/plyn značka ½ asi 1 hodinu, kým sa neabsorbuje všetka voda.

Pečená ryža v pare

Pre 4 osoby

225 g / 8 uncí / 1 šálka dlhozrnnej ryže
5 ml / 1 lyžička soli
450 ml / ¾ pt / 2 šálky vody

Ryžu, soľ a vodu vložte do pekáča, prikryte a pečte v predhriatej rúre pri teplote 180 °C/350 °F/plyn stupeň 4 asi 30 minút.

Vyprážaná ryža

Pre 4 osoby

225 g / 8 uncí / 1 šálka dlhozrnnej ryže

750 ml / 1 ¼ bodu / 3 šálky vody
30 ml / 2 polievkové lyžice arašidového oleja
1 vajce, rozšľahané
2 strúčiky cesnaku, rozdrvené
štipka soli
1 cibuľu nakrájanú nadrobno
3 jarné cibuľky (nakrájaná cibuľka).
2,5 ml / ½ čajovej lyžičky čiernej melasy

Ryžu a vodu vložte do hrnca, priveďte do varu, prikryte a duste asi 20 minút, kým sa ryža neuvarí. Dobre sceďte. Zahrejte 5 ml / 1 čajovú lyžičku oleja a vlejte vajíčko. Varte, kým nestuhne na základni, potom otočte a pokračujte vo varení, kým stuhne. Odstráňte z panvice a nakrájajte na pásiky. Do panvice s cesnakom a soľou pridáme zvyšný olej a restujeme, kým cesnak jemne nezhnedne. Pridajte cibuľu a ryžu a za stáleho miešania smažte 2 minúty. Pridajte jarnú cibuľku a restujte 2 minúty. Miešajte blackstrap melasu, kým nie je ryža pokrytá, potom vmiešajte prúžky vajec a podávajte.

Mandľová vyprážaná ryža

Pre 4 osoby
250 ml / 8 fl oz / 1 šálka arašidového oleja
50 g / 2 oz / ½ šálky lúpaných mandlí

4 rozšľahané vajcia
450 g / 1 lb / 3 šálky varenej dlhozrnnej ryže
5 ml / 1 lyžička soli
3 plátky uvarenej šunky, nakrájané na pásiky
2 šalotky nakrájané nadrobno
15 ml / 1 polievková lyžica sójovej omáčky

Rozpálime olej a opražíme mandle do zlatista. Vyberte z panvice a sceďte na savý papier. Väčšinu oleja vylejte z panvice, potom zohrejte a za stáleho miešania prilejte vajcia. Pridajte ryžu a soľ a varte 5 minút, dvíhajte a rýchlo miešajte, aby sa zrnká ryže obalili vo vajci. Vmiešame šunku, šalotku a sójovú omáčku a varíme ešte 2 minúty. Vmiešame väčšinu mandlí a podávame ozdobené zvyšnými mandľami.

Vyprážaná ryža so slaninkou a vajcom

Pre 4 osoby
45 ml / 3 lyžice arašidového oleja
225 g nasekanej slaniny
1 cibuľu nakrájanú nadrobno
3 rozšľahané vajcia

225 g varenej dlhozrnnej ryže

Rozpálime olej a opražíme slaninu s cibuľou, kým jemne nezhnedne. Pridajte vajcia a za stáleho miešania opekajte, kým nie sú vajíčka takmer uvarené. Pridáme ryžu a za stáleho miešania opekáme, kým ryža nie je horúca.

Vyprážaná ryža z hovädzieho mäsa

Pre 4 osoby

225 g chudého hovädzieho mäsa, nakrájaného na prúžky
15 ml / 1 polievková lyžica kukuričnej múky (kukuričný škrob)
15 ml / 1 polievková lyžica sójovej omáčky

15 ml / 1 polievková lyžica ryžového vína alebo suchého sherry
5 ml / 1 lyžička cukru
75 ml / 5 polievkových lyžíc arašidového oleja
1 cibuľa, nakrájaná
450 g / 1 lb / 3 šálky varenej dlhozrnnej ryže
45 ml / 3 polievkové lyžice kuracieho vývaru

Mäso zmiešame s kukuričnou múkou, sójovou omáčkou, vínom alebo sherry a cukrom. Zahrejte polovicu oleja a opečte cibuľu, kým nebude priehľadná. Pridajte hovädzie mäso a za stáleho miešania smažte 2 minúty. Odstráňte z panvice. Zvyšný olej rozohrejeme, pridáme ryžu a za stáleho miešania opekáme 2 minúty. Pridajte vývar a zohrejte. Pridajte polovicu zmesi hovädzieho a cibuľového mäsa a miešajte, kým nebude horúca, potom preneste na zohriaty servírovací tanier a navrch položte zvyšné hovädzie mäso a cibuľku.

Vyprážaná ryža s mletým hovädzím mäsom

Pre 4 osoby
30 ml / 2 polievkové lyžice arašidového oleja
1 strúčik cesnaku, rozdrvený

štipka soli

30 ml / 2 polievkové lyžice sójovej omáčky

30 ml / 2 polievkové lyžice hoisin omáčky

450 g / 1 lb mletého hovädzieho mäsa (mleté)

1 cibuľa, nakrájaná na kocky

1 mrkva, nakrájaná na kocky

1 pór, nakrájaný na kocky

450 g / 1 lb varená dlhozrnná ryža

Zahrejte olej a opečte cesnak a soľ, kým jemne nezhnedne. Pridajte sójovú a hoisinovú omáčku a miešajte, kým sa nezahreje. Pridajte hovädzie mäso a smažte, kým nezhnedne a nebude vločkovité. Pridajte zeleninu a za častého miešania opečte do mäkka. Pridajte ryžu a za stáleho miešania opekajte, kým sa neprehreje a nepokryje sa omáčkami.

Vyprážaná ryža s hovädzím mäsom a cibuľou

Pre 4 osoby

450 g / 1 lb chudé hovädzie mäso, nakrájané na tenké plátky

45 ml / 3 lyžice sójovej omáčky

15 ml / 1 polievková lyžica ryžového vína alebo suchého sherry

soľ a čerstvo mleté korenie

15 ml / 1 polievková lyžica kukuričnej múky (kukuričný škrob)

45 ml / 3 lyžice arašidového oleja

1 cibuľa, nakrájaná

225 g varenej dlhozrnnej ryže

Marinujte hovädzie mäso v sójovej omáčke, víne alebo sherry, soli, korení a kukuričnej krupici po dobu 15 minút. Zahrejte olej a opečte cibuľu, kým jemne nezhnedne. Pridajte hovädzie mäso a marinádu a za stáleho miešania smažte 3 minúty. Pridajte ryžu a za stáleho miešania smažte, kým sa nezahreje.

Kuracia vyprážaná ryža

Pre 4 osoby

225 g / 8 uncí / 1 šálka dlhozrnnej ryže

750 ml / 1 ¼ bodu / 3 šálky vody

30 ml / 2 polievkové lyžice arašidového oleja

2 strúčiky cesnaku, rozdrvené

štipka soli

1 cibuľu nakrájanú nadrobno

3 jarné cibuľky (nakrájaná cibuľka).

100 g vareného kuracieho mäsa, nakrájaného

15 ml / 1 polievková lyžica sójovej omáčky

Ryžu a vodu vložte do hrnca, priveďte do varu, prikryte a duste asi 20 minút, kým sa ryža neuvarí. Dobre sceďte. Rozohrejeme olej a restujeme cesnak a soľ, kým cesnak nezozlátne. Pridajte cibuľu a restujte 1 minútu. Pridajte ryžu a za stáleho miešania smažte 2 minúty. Pridajte jarnú cibuľku a kuracie mäso a restujte 2 minúty. Miešajte sójovú omáčku, kým nie je ryža zakrytá.

ryža s vyprážanou kačicou

Pre 4 osoby

4 sušené čínske huby

45 ml / 3 lyžice arašidového oleja

2 jarné cibuľky (plátky cibule).

225 g bok choy, nasekaný
100 g varenej kačice, nakrájanej
45 ml / 3 lyžice sójovej omáčky
15 ml / 1 polievková lyžica ryžového vína alebo suchého sherry
350 g varenej dlhozrnnej ryže
45 ml / 3 polievkové lyžice kuracieho vývaru

Namočte huby do teplej vody na 30 minút, potom sceďte. Odstráňte stonky a nakrájajte čiapky. Polovicu oleja rozohrejeme a jarnú cibuľku opražíme dosklovita. Pridajte bok choy a za stáleho miešania smažte 1 minútu. Pridajte kačicu, sójovú omáčku a víno alebo sherry a za stáleho miešania smažte 3 minúty. Odstráňte z panvice. Zohrejte zvyšný olej a za stáleho miešania opečte ryžu, kým sa obalí v oleji. Pridajte vývar, priveďte do varu a za stáleho miešania smažte 2 minúty. Vráťte kačaciu zmes do panvice a pred podávaním miešajte, kým sa nezahreje.

Dusená šunková ryža

Pre 4 osoby
30 ml / 2 polievkové lyžice arašidového oleja
1 vajce, rozšľahané

1 strúčik cesnaku, rozdrvený
350 g varenej dlhozrnnej ryže
1 cibuľu nakrájanú nadrobno
1 zelená paprika, nasekaná
100 g šunky, nakrájanej
50 g vodných gaštanov, nakrájaných na plátky
50 g nasekaných bambusových výhonkov
15 ml / 1 polievková lyžica sójovej omáčky
15 ml / 1 polievková lyžica ryžového vína alebo suchého sherry
15 ml / 1 polievková lyžica ustricovej omáčky

Na panvici zohrejte trochu oleja a pridajte vajce, panvicu nakloňte tak, aby sa rozlialo po panvici. Varte, kým spodok jemne nezhnedne, potom otočte a opečte druhú stranu. Vyberte ho z panvice, nakrájajte a opečte cesnak, kým nie je jemne zlatý. Pridajte ryžu, cibuľu a korenie a za stáleho miešania opekajte 3 minúty. Pridajte šunku, vodné gaštany a bambusové výhonky a za stáleho miešania smažte 5 minút. Pridáme ostatné suroviny a za stáleho miešania opekáme asi 4 minúty. Podávame posypané prúžkami vajíčka.

Ryža s údenou šunkou s vývarom

Pre 4 osoby

30 ml / 2 polievkové lyžice arašidového oleja

3 rozšľahané vajcia

350 g varenej dlhozrnnej ryže

600 ml / 1 bod / 2½ šálky kuracieho vývaru

100 g údenej šunky, nakrájanej

100 g / 4 oz bambusové výhonky, nakrájané na plátky

Zahrejte olej a potom vlejte vajcia. Keď začnú tuhnúť, pridáme ryžu a za stáleho miešania opekáme 2 minúty. Pridajte vývar a šunku a priveďte do varu. Dusíme 2 minúty, potom pridáme bambusové výhonky a podávame.

bravčové mäso s praženou ryžou

Pre 4 osoby

45 ml / 3 lyžice arašidového oleja

3 jarné cibuľky (nakrájaná cibuľka).

100 g / 4 oz pečené bravčové mäso, nakrájané na kocky
350 g varenej dlhozrnnej ryže
30 ml / 2 polievkové lyžice sójovej omáčky
2,5 ml / ½ čajovej lyžičky soli
2 rozšľahané vajcia

Rozpálime olej a opražíme na ňom jarnú cibuľku dosklovita. Pridajte bravčové mäso a miešajte, kým sa obalí v oleji. Pridajte ryžu, sójovú omáčku a soľ a za stáleho miešania opekajte 3 minúty. Pridajte vajcia a premiešajte, kým nezačnú tuhnúť.

Vyprážaná ryža s bravčovým mäsom a krevetami

Pre 4 osoby
45 ml / 3 lyžice arašidového oleja
2,5 ml / ½ čajovej lyžičky soli

2 jarné cibuľky (nakrájaná cibuľka).

350 g varenej dlhozrnnej ryže

100 g / 4 oz pečené bravčové mäso

225 g ošúpaných kreviet

50 g / 2 oz čínske listy, nasekané

45 ml / 3 lyžice sójovej omáčky

Rozohrejeme olej a orestujeme soľ a jarnú cibuľku, kým jemne nezhnednú. Pridajte ryžu a za stáleho miešania opečte, aby sa zrnká rozbili. Pridajte bravčové mäso a za stáleho miešania smažte 2 minúty. Pridajte krevety, čínske listy a sójovú omáčku a za stáleho miešania smažte, kým sa nezahreje.

Vyprážaná ryža s krevetami

Pre 4 osoby

225 g / 8 uncí / 1 šálka dlhozrnnej ryže

750 ml / 1 ¼ bodu / 3 šálky vody

30 ml / 2 polievkové lyžice arašidového oleja

2 strúčiky cesnaku, rozdrvené

štipka soli

1 cibuľu nakrájanú nadrobno

225 g ošúpaných kreviet

5 ml / 1 lyžička sójovej omáčky

Ryžu a vodu vložte do hrnca, priveďte do varu, prikryte a duste asi 20 minút, kým sa ryža neuvarí. Dobre sceďte. Rozpálime olej s cesnakom a soľou a opekáme, kým cesnak jemne nezozlatne. Pridáme ryžu a cibuľu a restujeme 2 minúty. Pridajte krevety a za stáleho miešania smažte 2 minúty. Pred podávaním pridajte sójovú omáčku.

Vyprážaná ryža a hrášok

Pre 4 osoby

30 ml / 2 polievkové lyžice arašidového oleja

2 strúčiky cesnaku, rozdrvené

5 ml / 1 lyžička soli

350 g varenej dlhozrnnej ryže

225 g blanšírovaného alebo mrazeného hrášku, rozmrazeného
4 jarné cibuľky (nakrájané nadrobno).
30 ml / 2 polievkové lyžice jemne nasekanej čerstvej petržlenovej vňate

Zahrejte olej a opečte cesnak a soľ, kým jemne nezhnedne. Pridajte ryžu a za stáleho miešania smažte 2 minúty. Pridajte hrášok, cibuľu a petržlenovú vňať a za stáleho miešania smažte niekoľko minút, kým sa nezohreje. Podávajte teplé alebo studené.

Vyprážaná ryža z lososa

Pre 4 osoby
30 ml / 2 polievkové lyžice arašidového oleja
2 strúčiky cesnaku, mleté
2 jarné cibuľky (plátky cibule).
50 g mletého lososa
75 g nasekaného špenátu

150 g varenej dlhozrnnej ryže

Rozohrejte olej a opečte na ňom cesnak a jarnú cibuľku 30 sekúnd. Pridajte lososa a smažte 1 minútu. Pridajte špenát a smažte 1 minútu. Pridajte ryžu a za stáleho miešania smažte, kým nebude horúca a dobre spojená.

Špeciálna vyprážaná ryža

Pre 4 osoby

60 ml / 4 polievkové lyžice arašidového oleja

1 cibuľu nakrájanú nadrobno

100 g nasekanej slaniny

50 g šunky, nakrájanej

50 g vareného kuracieho mäsa, nakrájaného

50 g ošúpaných kreviet

60 ml / 4 polievkové lyžice sójovej omáčky

30 ml / 2 polievkové lyžice ryžového vína alebo suchého sherry

soľ a čerstvo mleté korenie

15 ml / 1 polievková lyžica kukuričnej múky (kukuričný škrob)

225 g varenej dlhozrnnej ryže

2 rozšľahané vajcia

100 g šampiňónov, nakrájaných na plátky

50 g mrazeného hrášku

Rozpálime olej a opražíme na ňom cibuľu a slaninu, kým jemne nezhnednú. Pridajte šunku a kuracie mäso a za stáleho miešania smažte 2 minúty. Pridajte krevety, sójovú omáčku, víno alebo sherry, soľ, korenie a kukuričnú múku a za stáleho miešania smažte 2 minúty. Pridajte ryžu a za stáleho miešania smažte 2 minúty. Pridajte vajcia, huby a hrášok a za stáleho miešania smažte 2 minúty, kým nie sú horúce.

Desať vzácnych ryží

Pre 6-8 osôb

45 ml / 3 lyžice arašidového oleja

1 jarná cibuľka (nasekaná cibuľka).

100 g chudého bravčového mäsa, nakrájaného

1 kuracie prsia, nastrúhané

100 g šunky, nakrájanej

30 ml / 2 polievkové lyžice sójovej omáčky

30 ml / 2 polievkové lyžice ryžového vína alebo suchého sherry

5 ml / 1 lyžička soli

350 g varenej dlhozrnnej ryže

250 ml / 8 fl oz / 1 šálka kuracieho vývaru

100 g / 4 oz bambusové výhonky, nakrájané na prúžky

50 g vodných gaštanov, nakrájaných na plátky

Rozpálime olej a opražíme jarnú cibuľku dosklovita. Pridajte bravčové mäso a za stáleho miešania smažte 2 minúty. Pridajte kuracie mäso a šunku a za stáleho miešania smažte 2 minúty. Vmiešame sójovú omáčku, sherry a soľ. Primiešame ryžu a vývar a privedieme do varu. Pridáme bambusové výhonky a vodné gaštany, prikryjeme a dusíme 30 minút.

Vyprážaná ryža s tuniakom

Pre 4 osoby

30 ml / 2 polievkové lyžice arašidového oleja

2 cibule, nakrájané na plátky

1 zelená paprika, nasekaná

450 g / 1 lb / 3 šálky varenej dlhozrnnej ryže

soľ

3 rozšľahané vajcia

300 g tuniaka z konzervy, vo vločkách

30 ml / 2 polievkové lyžice sójovej omáčky

2 šalotky nakrájané nadrobno

Rozpálime olej a opražíme cibuľu do mäkka. Pridajte korenie a smažte 1 minútu. Zatlačte na jednu stranu panvice. Pridajte ryžu, posypte soľou a smažte 2 minúty, postupne vmiešajte korenie a cibuľu. V strede ryže urobte jamku, nalejte do nej trochu oleja a nalejte vajcia. Miešame, kým sa takmer nerozmieša a zmiešame s ryžou. Varte ďalšie 3 minúty. Pridajte tuniaka a sójovú omáčku a dobre zohrejte. Podávame posypané nakrájanou šalotkou.

Varené vaječné rezance

Pre 4 osoby

10 ml / 2 čajové lyžičky soli

450 g vaječných cestovín

30 ml / 2 polievkové lyžice arašidového oleja

Priveďte do varu panvicu s vodou, pridajte soľ a pridajte tagliatelle. Vráťte do varu a varte asi 10 minút, kým nebude mäkké, ale stále pevné. Dobre sceďte, prepláchnite studenou vodou, sceďte a potom opláchnite horúcou vodou. Pred podávaním pokvapkáme olejom.

Dusené vaječné rezance

Pre 4 osoby

10 ml / 2 čajové lyžičky soli
450 g / 1 lb tenkých vaječných rezancov

Priveďte do varu panvicu s vodou, pridajte soľ a pridajte tagliatelle. Dobre premiešajte a potom sceďte. Rezance vložíme do cedníka, vložíme do parného hrnca a dusíme nad vriacou vodou asi 20 minút, kým nezmäknú.

Hodené Tagliatelle

Pre 8 osôb

10 ml / 2 čajové lyžičky soli
450 g vaječných cestovín
30 ml / 2 polievkové lyžice arašidového oleja
praženica

Priveďte do varu panvicu s vodou, pridajte soľ a pridajte tagliatelle. Vráťte do varu a varte asi 10 minút, kým nebude mäkké, ale stále pevné. Dobre sceďte, prepláchnite studenou vodou, sceďte a potom opláchnite horúcou vodou. Pokvapkáme olejom, potom jemne premiešame s akoukoľvek praženou zmesou a jemne zahrejeme, aby sa chute premiešali.

Smažené rezance

Pre 4 osoby

225 g tenkých vaječných cestovín
soľ
vyprážať olej

Tagliatelle uvaríme vo vriacej osolenej vode podľa návodu na obale. Dobre sceďte. Na plech položte niekoľko vrstiev kuchynského papiera, vyložte tagliatelle a nechajte niekoľko hodín sušiť. Rozohrejte olej a smažte lyžice cesta naraz asi 30 sekúnd do zlatista. Nechajte odkvapkať na savom papieri.

Jemné vyprážané rezance

Pre 4 osoby

350 g / 12 oz vaječných rezancov
75 ml / 5 polievkových lyžíc arašidového oleja
soľ

Hrniec s vodou priveďte do varu, pridajte rezance a varte, kým rezance nezmäknú. Scedíme a prepláchneme studenou vodou, potom horúcou vodou a opäť scedíme. Pridajte 15 ml / 1 polievkovú lyžicu oleja a nechajte vychladnúť a stuhnúť v chladničke. Zvyšný olej zahrejte takmer do bodu dymenia.

Pridajte rezance a jemne premiešajte, kým nie sú pokryté olejom. Znížte teplotu a pokračujte v miešaní niekoľko minút, kým nie sú tagliatelle zvonka zlaté, ale zvnútra mäkké.

Dusené tagliatelle

Pre 4 osoby

450 g vaječných cestovín

5 ml / 1 lyžička soli

30 ml / 2 polievkové lyžice arašidového oleja

3 jarné cibuľky (šalotky), nakrájané na pásiky

1 strúčik cesnaku, rozdrvený

2 plátky koreňa zázvoru, nasekané

100 g chudého bravčového mäsa, nakrájaného na prúžky

100 g šunky, nakrájanej na prúžky
100 g ošúpaných kreviet
450 ml / ¬œ pt / 2 šálky kuracieho vývaru
30 ml / 2 polievkové lyžice sójovej omáčky

Priveďte do varu panvicu s vodou, pridajte soľ a pridajte tagliatelle. Priveďte späť do varu a varte asi 5 minút, potom sceďte a prepláchnite v studenej vode.

Medzitým rozohrejeme olej a orestujeme na ňom jarnú cibuľku, cesnak a zázvor, kým jemne nezhnednú. Pridajte bravčové mäso a za stáleho miešania opečte, kým nebude svetlo sfarbené. Pridajte šunku a krevety a zamiešajte vývar, sójovú omáčku a rezance. Privedieme do varu, prikryjeme a dusíme 10 minút.

Studené rezance

Pre 4 osoby

450 g vaječných cestovín
5 ml / 1 lyžička soli
15 ml / 1 polievková lyžica arašidového oleja
225 g fazuľových klíčkov
225 g pečené bravčové mäso, strúhané
1 uhorka, nakrájaná na prúžky
12 reďkoviek, nakrájaných na prúžky

Priveďte do varu panvicu s vodou, pridajte soľ a pridajte tagliatelle. Vráťte do varu a varte asi 10 minút, kým nebude mäkké, ale stále pevné. Dobre sceďte, prepláchnite studenou vodou a znova sceďte. Pokvapkáme olejom a potom poukladáme na servírovací tanier. Zostávajúce ingrediencie rozložte na malé taniere okolo rezancov. Hostia podávajú výber surovín v malých miskách.

Košíky na rezance

Pre 4 osoby

225 g tenkých vaječných cestovín

soľ

vyprážať olej

Tagliatelle uvaríme vo vriacej osolenej vode podľa návodu na obale. Dobre sceďte. Na plech položte niekoľko vrstiev kuchynského papiera, vyložte tagliatelle a nechajte niekoľko hodín sušiť. Vnútro stredne veľkého sitka potrieme kvapkou oleja. Do cedníka rozložte rovnomernú vrstvu rezancov asi 1 cm / ¬Ω. Menšie sitko z vonkajšej strany potrieme olejom a zľahka vtlačíme do väčšieho. Rozohrejte olej, vložte do oleja dve sitká a smažte asi 1 minútu, kým tagliatelle nie sú zlatohnedé. Opatrne vyberte sitká a podľa potreby prejdite nožom po okrajoch rezancov, aby sa uvoľnili.

Palacinka s rezancami

Pre 4 osoby

225 g vaječných cestovín
5 ml / 1 lyžička soli
75 ml / 5 polievkových lyžíc arašidového oleja

Priveďte do varu panvicu s vodou, pridajte soľ a pridajte tagliatelle. Vráťte do varu a varte asi 10 minút, kým nebude mäkké, ale stále pevné. Dobre sceďte, prepláchnite studenou vodou, sceďte a potom opláchnite horúcou vodou. Dochutíme 15 ml / 1 lyžicou oleja. Zohrejte zvyšný olej. Pridajte rezance na panvicu, aby ste vytvorili hustú palacinku. Vyprážajte, kým zo spodnej strany jemne nezhnedne, potom otočte a opečte, kým jemne nezhnedne, ale v strede nezmäkne.

Dusené rezance

Pre 4 osoby

4 sušené čínske huby
450 g vaječných cestovín
30 ml / 2 polievkové lyžice arašidového oleja
5 ml / 1 lyžička soli
3 jarné cibuľky (nakrájaná cibuľka).
100 g chudého bravčového mäsa, nakrájaného na prúžky
100 g ružičiek karfiolu
15 ml / 1 polievková lyžica kukuričnej múky (kukuričný škrob)
250 ml / 8 fl oz / 1 šálka kuracieho vývaru
15 ml / 1 polievková lyžica sezamového oleja

Namočte huby do teplej vody na 30 minút, potom sceďte. Odstráňte stonky a nakrájajte čiapky. Hrniec s vodou priveďte do varu, pridajte rezance a varte 5 minút, potom sceďte. Rozohrejte olej a 30 sekúnd opečte soľ a jarnú cibuľku. Pridajte bravčové mäso a za stáleho miešania opečte, kým nebude svetlo sfarbené. Pridajte karfiol a šampiňóny a za stáleho miešania smažte 3 minúty. Zmiešajte kukuričný škrob a vývar, vmiešajte do panvice, priveďte do varu, prikryte a duste 10 minút za občasného miešania. Na samostatnej panvici zohrejte sezamový olej, pridajte rezance a jemne miešajte na strednom ohni, kým jemne nezhnednú. Preložíme na teplý servírovací tanier, polejeme bravčovou zmesou a podávame.

Mäsové rezance

Pre 4 osoby

350 g / 12 oz vaječných rezancov
45 ml / 3 lyžice arašidového oleja
450 g / 1 lb mletého hovädzieho mäsa (mleté)
soľ a čerstvo mleté korenie
1 strúčik cesnaku, rozdrvený
1 cibuľu nakrájanú nadrobno
250 ml / 8 fl oz / 1 šálka hovädzieho vývaru
100 g šampiňónov, nakrájaných na plátky
2 zelerové tyčinky, nasekané
1 zelená paprika, nasekaná
30 ml / 2 polievkové lyžice kukuričnej múky (kukuričný škrob)
60 ml / 4 polievkové lyžice vody

15 ml / 1 polievková lyžica sójovej omáčky

Tagliatelle varte vo vriacej vode asi 8 minút, kým nezmäknú, potom sceďte. Medzitým rozohrejeme olej a opečieme hovädzie mäso, soľ, korenie, cesnak a cibuľu, kým jemne nezhnedne. Pridáme vývar, huby, zeler a korenie, privedieme do varu, prikryjeme a dusíme 5 minút. Kukuričnú krupicu, vodu a sójovú omáčku rozmixujeme na pastu, vmiešame do panvice a za stáleho miešania dusíme, kým omáčka nezhustne. Položte rezance na teplý servírovací tanier a nalejte na ne hovädzie mäso a omáčku.

Kuracie tagliatelle

Pre 4 osoby

350 g / 12 oz vaječných rezancov
100 g sójových klíčkov
45 ml / 3 lyžice arašidového oleja
2,5 ml / ¬Ω čajová lyžička soli
2 strúčiky cesnaku, mleté
2 jarné cibuľky (nakrájaná cibuľka).
100 g vareného kuracieho mäsa, nakrájaného na kocky
5 ml / 1 lyžička sezamového oleja

Hrniec s vodou privedieme do varu, pridáme rezance a varíme do mäkka. Fazuľové klíčky blanšírujte vo vriacej vode 3 minúty, potom sceďte. Rozpálime olej a opražíme soľ, cesnak a jarnú cibuľku do zmäknutia. Pridajte kurča a za stáleho miešania smažte, kým sa nezahreje. Pridajte fazuľové klíčky a prehrejte. Tagliatelle dobre sceďte, opláchnite ich v studenej vode a potom v horúcej vode. Pokvapkáme sezamovým olejom a poukladáme na teplý servírovací tanier. Navrch dáme kuraciu zmes a podávame.

Tagliatelle s krabím mäsom

Pre 4 osoby

350 g / 12 oz vaječných rezancov
45 ml / 3 lyžice arašidového oleja
3 jarné cibuľky (nakrájaná cibuľka).
2 plátky koreňa zázvoru, nakrájané na prúžky
350 g krabieho mäsa vo vločkách
5 ml / 1 lyžička soli
15 ml / 1 polievková lyžica ryžového vína alebo suchého sherry
15 ml / 1 polievková lyžica kukuričnej múky (kukuričný škrob)
30 ml / 2 polievkové lyžice vody
30 ml / 2 lyžice vínneho octu

Priveďte do varu panvicu s vodou, pridajte rezance a varte 10 minút, kým nezmäknú. Medzitým zohrejte 30 ml/2 polievkové lyžice oleja a opečte jarnú cibuľku a zázvor, kým jemne nezhnednú. Pridajte krabie mäso a soľ, smažte 2 minúty. Pridajte víno alebo sherry a za stáleho miešania smažte 1 minútu. Kukuričnú múku a vodu zmiešame na pastu, vmiešame do panvice a za stáleho miešania dusíme do zhustnutia. Tagliatelle sceďte a opláchnite ich v studenej vode a potom v horúcej vode. Pokvapkáme zvyšným olejom a poukladáme na teplý servírovací tanier. Navrch dáme zmes krabieho mäsa a podávame pokvapkané vínnym octom.

Tagliatelle v kari omáčke

Pre 4 osoby

450 g vaječných cestovín
5 ml / 1 lyžička soli
30 ml / 2 polievkové lyžice kari
1 cibuľa, nakrájaná na plátky
75 ml / 5 polievkových lyžíc kuracieho vývaru
100 g / 4 oz pečené bravčové mäso, strúhané
120 ml / 4 fl oz / ¬Ω šálka paradajkového kečupu (catsup)
15 ml / 1 polievková lyžica hoisin omáčky
soľ a čerstvo mleté korenie

Priveďte do varu panvicu s vodou, pridajte soľ a pridajte tagliatelle. Vráťte do varu a varte asi 10 minút, kým nebude mäkké, ale stále pevné. Dobre sceďte, prepláchnite studenou vodou, sceďte a potom opláchnite horúcou vodou. Medzitým na suchej panvici povarte kari 2 minúty, pričom panvicou potraste. Pridajte cibuľu a miešajte, kým nebude dobre pokrytá. Primiešame vývar, potom pridáme bravčové mäso a privedieme do varu. Primiešame kečup, omáčku hoisin, soľ a korenie a za stáleho miešania dusíme, kým sa nezohreje. Položte tagliatelle na teplý tanier, polejte omáčkou a podávajte.

Dan-Dan Noodles

Pre 4 osoby

100 g vaječných cestovín

45 ml / 3 lyžice horčice

60 ml / 4 lyžice sezamovej omáčky

60 ml / 4 polievkové lyžice arašidového oleja

20 ml / 4 lyžičky soli

4 nasekané jarné cibuľky (nakrájaná cibuľka).

60 ml / 4 polievkové lyžice sójovej omáčky

60 ml / 4 lyžice arašidov, mletých

60 ml / 4 polievkové lyžice kuracieho vývaru

Tagliatelle varte vo vriacej vode asi 10 minút, kým nezmäknú, potom dobre sceďte. Ostatné suroviny zmiešame, nalejeme na tagliatelle a pred podávaním dobre premiešame.

Tagliatelle s vajíčkovou omáčkou

Pre 4 osoby

225 g vaječných cestovín

750 ml / bod 1¬° / 3 šálky kuracieho vývaru

45 ml / 3 lyžice sójovej omáčky

45 ml / 3 lyžice ryžového vína alebo suchého sherry

15 ml / 1 polievková lyžica arašidového oleja

3 jarné cibuľky (šalotky), nakrájané na pásiky

3 rozšľahané vajcia

Priveďte do varu panvicu s vodou, pridajte rezance, priveďte späť do varu a varte 10 minút, kým nezmäknú. Scedíme a dáme do vyhriatej servírovacej misy. Medzitým priveďte do varu vývar so sójovou omáčkou a vínom alebo sherry. V samostatnej panvici rozohrejeme olej a opražíme jarnú cibuľku do zmäknutia. Pridajte vajcia, potom vmiešajte horúci vývar a pokračujte v miešaní na strednom ohni, kým zmes nepríde do varu. Tagliatelle polejeme omáčkou a podávame.

Tagliatelle so zázvorom a jarnou cibuľkou

Pre 4 osoby

900 ml / 1¬Ω bodov / 4¬° šálky kuracieho vývaru
15 ml / 1 polievková lyžica arašidového oleja
225 g vaječných cestovín
2,5 ml / ¬Ω čajová lyžička sezamového oleja
4 nasekané jarné cibuľky (šalotka).
2 plátky koreňa zázvoru, nasekané
15 ml / 1 polievková lyžica ustricovej omáčky

Vývar privedieme do varu, pridáme olej a rezance a dusíme odokryté asi 15 minút do mäkka. Rezance preložíme do teplej misky a do woku pridáme sezamový olej, jarnú cibuľku a zázvor. Odkryté dusíme 5 minút, kým zelenina mierne nezmäkne a vývar zredukuje. Zeleninu potrieme na rezance s trochou vývaru. Pokvapkáme ustricovou omáčkou a ihneď podávame.

Horúce a kyslé rezance

Pre 4 osoby

225 g vaječných cestovín

15 ml / 1 polievková lyžica sójovej omáčky

15 ml / 1 polievková lyžica chilli oleja

15 ml / 1 polievková lyžica červeného vínneho octu

1 strúčik cesnaku, rozdrvený

2 jarné cibuľky (nakrájaná cibuľka).

5 ml / 1 lyžička čerstvo mletého korenia

Tagliatelle varte vo vriacej vode asi 10 minút, kým nezmäknú. Dobre sceďte a preložte na teplý servírovací tanier. Ostatné suroviny zmiešame, nalejeme na tagliatelle a pred podávaním dobre premiešame.

Tagliatelle s mäsovou omáčkou

Pre 4 osoby

4 sušené čínske huby
30 ml / 2 polievkové lyžice arašidového oleja
225 g chudého bravčového mäsa, nakrájaného na plátky
100 g šampiňónov, nakrájaných na plátky
4 jarné cibuľky (plátky cibule).
15 ml / 1 polievková lyžica sójovej omáčky
15 ml / 1 polievková lyžica ryžového vína alebo suchého sherry
600 ml / 1 bod / 2¬Ω šálky kuracieho vývaru
350 g / 12 oz vaječných rezancov
30 ml / 2 polievkové lyžice kukuričnej múky (kukuričný škrob)
2 vajcia, zľahka rozšľahané
soľ a čerstvo mleté korenie

Namočte huby do teplej vody na 30 minút, potom sceďte. Odstráňte stonky a nakrájajte čiapky. Zahrejte olej a opečte bravčové mäso, kým nebude svetlo sfarbené. Pridajte sušené a čerstvé huby a jarnú cibuľku a smažte 2 minúty. Pridajte sójovú omáčku, víno alebo sherry a vývar, priveďte do varu, prikryte a duste 30 minút.

Medzitým priveďte do varu panvicu s vodou, pridajte tagliatelle a varte asi 10 minút, kým tagliatelle nie sú mäkké, ale stále pevné. Scedíme, prepláchneme v studenej a potom horúcej vode, opäť scedíme a položíme na teplý servírovací tanier. Kukuričný škrob rozmiešame s trochou vody, vmiešame do panvice a dusíme za stáleho miešania, kým omáčka nezhustne. Postupne primiešame vajíčka a dochutíme soľou a korením. Na servírovanie nalejte rezance omáčkou.

Tagliatelle s pošírovaným vajcom

Pre 4 osoby

350 g / 12 oz ryžové rezance

4 vajcia

30 ml / 2 polievkové lyžice arašidového oleja

1 strúčik cesnaku, mletý

100 g varenej šunky, nakrájanej nadrobno

45 ml / 3 lyžice paradajkového pretlaku√ © a (cestoviny)

120 ml / 4 fl oz / ¬Ω šálka vody

5 ml / 1 lyžička cukru

5 ml / 1 lyžička soli

sójová omáčka

Panvicu s vodou priveďte do varu, pridajte tagliatelle a varte asi 8 minút, kým sa neuvaria. Scedíme a prepláchneme v studenej vode. Usporiadajte ich do hniezda na vyhrievanom servírovacom tanieri. Medzitým pošírte vajcia a položte ich na každé hniezdo.

Zahrejte olej a smažte cesnak po dobu 30 sekúnd. Pridáme šunku a za stáleho miešania opekáme 1 minútu. Pridajte všetky zvyšné ingrediencie okrem sójovej omáčky a za stáleho miešania smažte, kým sa nezohreje. Zalejeme vajíčkami, pokvapkáme sójovou omáčkou a ihneď podávame.

Tagliatelle s bravčovým mäsom a zeleninou

Pre 4 osoby

350 g / 12 oz ryžové rezance
75 ml / 5 polievkových lyžíc arašidového oleja
225 g chudého bravčového mäsa, strúhaného
100 g / 4 oz bambusové výhonky, nasekané
100 g čínskej kapusty, nakrájanej
450 ml / ¬œ pt / 2 šálky kuracieho vývaru
10 ml / 2 čajové lyžičky kukuričnej múky (kukuričný škrob)
45 ml / 3 polievkové lyžice vody

Blanšírujte tagliatelle asi 6 minút, kým nie sú uvarené, ale stále pevné, potom sceďte. Zahrejte 45 ml/3 polievkové lyžice oleja a smažte bravčové mäso 2 minúty. Pridajte bambusové výhonky a kapustu a za stáleho miešania smažte 1 minútu. Pridajte vývar, priveďte do varu, prikryte a duste 4 minúty. Zmiešajte kukuričnú múku a vodu, vmiešajte do panvice a za stáleho miešania varte, kým omáčka nezhustne. Zohrejte zvyšný olej a rezance opečte, kým jemne nezhnednú. Premiestnite na teplý servírovací tanier, naplňte bravčovou zmesou a podávajte.

Priehľadné rezance s mletým bravčovým mäsom

Pre 4 osoby

200 g / 7 oz číre špagety

vyprážať olej

75 ml / 5 polievkových lyžíc arašidového oleja

225 g / 8 oz nakrájané bravčové mäso (mleté)

25 g / 1 oz čili pasty

2 jarné cibuľky (nakrájaná cibuľka).

1 strúčik cesnaku, mletý

1 plátok koreňa zázvoru, nasekaný

5 ml / 1 čajová lyžička chilli prášku

250 ml / 8 fl oz / 1 šálka kuracieho vývaru

30 ml / 2 polievkové lyžice ryžového vína alebo suchého sherry

30 ml / 2 polievkové lyžice sójovej omáčky

soľ

Olej zohrejte do varu a rezance opekajte, kým sa nerozšíria. Odstráňte a sceďte. Zahrejte 75 ml/5 lyžíc oleja a opečte bravčové mäso do zlatista. Vmiešame fazuľovú pastu, jarnú cibuľku, cesnak, zázvor a chilli a smažíme 2 minúty. Primiešame vývar, víno alebo sherry, sójovú omáčku a rezance a dusíme, kým omáčka nezhustne. Pred podávaním dochutíme soľou.

Šupky z vajíčok

Za 12

225 g / 8 uncí / 2 šálky hladkej múky (univerzálne)
1 vajce, rozšľahané
2,5 ml / ¬Ω čajová lyžička soli
120 ml / 4 fl oz / ¬Ω šálka ľadovej vody

Všetky ingrediencie spolu zmiešame a potom miesime, kým nebude zmes hladká a elastická. Prikryjeme vlhkou utierkou a necháme 30 minút vychladnúť. Rozvaľkajte na pomúčenej doske, kým nezískate tenký plát a potom nakrájajte na štvorce.

Šupky z varených vajec

Za 12

175 g / 6 oz / 1¬Ω šálky hladkej múky (univerzálne)
2,5 ml / ¬Ω čajová lyžička soli
2 rozšľahané vajcia
375 ml / 13 fl oz / 1¬Ω šálky vody

Zmiešajte múku a soľ a potom pridajte vajcia. Postupne pridávame vodu, aby sme vytvorili hladké cesto. Zľahka vymastíme malú panvicu, potom nalejeme 30 ml/2 polievkové lyžice cesta a panvicu nakloníme, aby sa rovnomerne rozložilo po povrchu. Keď sa cesto stiahne zo stien panvice, vyberte ho a prikryte vlhkou utierkou, kým dovaríte zvyšné šupky.

Čínske palacinky

Pre 4 osoby

250 ml / 8 fl oz / 1 šálka vody
225 g / 8 uncí / 2 šálky hladkej múky (univerzálne)
arašidový olej (arašidy) na vyprážanie

Vodu privedieme do varu a potom po troškách pridávame múku. Zľahka premiešajte, kým nezískate mäkké cesto, prikryte vlhkou utierkou a nechajte 15 minút odpočívať. Vyvaľkáme ho na pomúčenej doske a vytvarujeme dlhý valec. Nakrájajte na plátky s hrúbkou 2,5 cm/1 palca, potom ich vyrovnajte na hrúbku asi 5 mm/¬° a vrchné časti potrite olejom. Uložte do párov s naolejovanými povrchmi, ktoré sa dotýkajú, a vonkajšie časti zľahka poprášte múkou. Dvojice vyvaľkáme na priemer asi 10 cm a opekáme vo dvojiciach z každej strany asi 1 minútu, kým jemne nezhnednú. Oddeľte a stohujte, kým nebudete pripravené na podávanie.

Wonton skiny

Je asi 40

450 g / 1 lb / 2 šálky hladkej múky (univerzálne)
5 ml / 1 lyžička soli
1 vajce, rozšľahané
45 ml / 3 polievkové lyžice vody

Preosejte múku a soľ a v strede urobte jamku. Pridáme vajce, podlejeme vodou a miesime, kým nezískame hladké cesto. Vložte do misy, prikryte vlhkou utierkou a nechajte 1 hodinu vychladnúť.

Cesto rozvaľkajte na pomúčenej doske, kým z neho nevznikne tenká a hladká oblátka. Nakrájajte na pásiky s priemerom 7,5 cm/3 cm, jemne poprášte múkou, poukladajte a potom nakrájajte na štvorce. Kým nebudete pripravený na použitie, prikryte ho vlhkou handričkou.

Špargľa s mušľami

Pre 4 osoby

120 ml / 4 fl oz / ½ šálky arašidového oleja
1 červená čili, nakrájaná na prúžky
2 jarné cibuľky (šalotky), nakrájané na pásiky
2 plátky koreňa zázvoru, nasekané
225 g špargle nakrájanej na kúsky
30 ml / 2 polievkové lyžice hustej sójovej omáčky
2,5 ml / ½ čajovej lyžičky sezamového oleja
225 g mušlí, namočených a rozotrených

Rozpálime olej a 30 sekúnd orestujeme čili, jarnú cibuľku a zázvor. Pridáme špargľu a sójovú omáčku, prikryjeme a dusíme, kým špargľa takmer nezmäkne. Pridajte sezamový olej a mušle, prikryte a varte, kým sa mušle neotvoria. Všetky mušle, ktoré sa neotvorili, zlikvidujte a ihneď podávajte.

Špargľa s vajcovou omáčkou

Pre 4 osoby

450 g / 1 lb špargle

45 ml / 3 lyžice arašidového oleja

30 ml / 2 polievkové lyžice ryžového vína alebo suchého sherry

soľ

250 ml / 8 fl oz / 1 šálka kuracieho vývaru

15 ml / 1 polievková lyžica kukuričnej múky (kukuričný škrob)

1 vajce, zľahka rozšľahané

Špargľu ošúpeme a nakrájame na 5 cm / 2 kusy, rozohrejeme olej a opekáme na ňom asi 4 minúty, kým nebude mäkká, ale stále chrumkavá. Podlejeme vínom alebo sherry a osolíme. Medzitým privedieme do varu vývar a kukuričnú múku, premiešame a dochutíme soľou. Do vajíčka vmiešame trochu horúceho vývaru, potom do panvice vmiešame vajíčko a za stáleho miešania dusíme, kým omáčka nezhustne. Špargľu poukladáme na teplý tanier, polejeme omáčkou a ihneď podávame.

Krevety s liči omáčkou

Pre 4 osoby

50 g / 2 oz / ½ hladká šálka (univerzálne)
Múka
2,5 ml / ½ čajová lyžička soli
1 vajce, zľahka rozšľahané
30 ml / 2 polievkové lyžice vody
450 g / 1 lb ošúpaných kreviet
vyprážať olej
30 ml / 2 polievkové lyžice arašidového oleja
2 plátky koreňa zázvoru, nasekané
30 ml / 2 lyžice vínneho octu
5 ml / 1 lyžička cukru
2,5 ml / ½ čajová lyžička soli
15 ml / 1 polievková lyžica sójovej omáčky
200 g liči z konzervy, scedené

Múku, soľ, vajce a vodu vyšľaháme na cesto, v prípade potreby pridáme ešte trochu vody. Zmiešajte s krevetami, kým nie sú dobre pokryté. Rozohrejte olej a krevety opekajte niekoľko minút, kým nie sú chrumkavé a zlaté. Scedíme ich na savý papier a poukladáme na teplý servírovací tanier. Medzitým rozohrejeme olej a 1 minútu na ňom orestujeme zázvor. Pridajte vínny ocot, cukor, soľ a sójovú omáčku. Pridajte liči a miešajte, kým nebude horúce a potiahnuté omáčkou. Nalejte na krevety a ihneď podávajte.

Vyprážané krevety s mandarínkou

Pre 4 osoby

60 ml / 4 polievkové lyžice arašidového oleja

1 strúčik cesnaku, rozdrvený

1 plátok koreňa zázvoru, nasekaný

450 g / 1 lb ošúpaných kreviet

30 ml / 2 lyžice ryžového vína alebo suchého sherry 30 ml / 2 lyžice sójovej omáčky

15 ml / 1 polievková lyžica kukuričnej múky (kukuričný škrob)

45 ml / 3 polievkové lyžice vody

Zahrejte olej a opečte cesnak a zázvor, kým jemne nezhnednú. Pridajte krevety a za stáleho miešania smažte 1 minútu. Pridajte víno alebo sherry a dobre premiešajte. Pridajte sójovú omáčku, kukuričnú múku a vodu a za stáleho miešania smažte 2 minúty.

Krevety s Mangetoutom

Pre 4 osoby

5 sušených čínskych húb
225 g fazuľových klíčkov
60 ml / 4 polievkové lyžice arašidového oleja
5 ml / 1 lyžička soli
2 zelerové tyčinky, nasekané
4 nasekané jarné cibuľky (nakrájaná cibuľka).
2 strúčiky cesnaku, rozdrvené
2 plátky koreňa zázvoru, nasekané
60 ml / 4 polievkové lyžice vody
15 ml / 1 polievková lyžica sójovej omáčky
15 ml / 1 polievková lyžica ryžového vína alebo suchého sherry
225 g snehového hrášku (hrach)
225 g ošúpaných kreviet
15 ml / 1 polievková lyžica kukuričnej múky (kukuričný škrob)

Namočte huby do teplej vody na 30 minút, potom sceďte. Odstráňte stonky a nakrájajte čiapky. Fazuľové klíčky blanšírujte vo vriacej vode 5 minút a potom dobre sceďte. Rozohrejte polovicu oleja a 1 minútu opečte soľ, zeler, jarnú cibuľku a fazuľové klíčky, potom ich vyberte z panvice. Zohrejte zvyšný olej a opečte cesnak a zázvor, kým jemne nezhnednú. Pridajte polovicu vody, sójovú omáčku, víno alebo sherry, snehový hrášok a krevety, priveďte do varu a duste 3 minúty. Kukuričnú krupicu a zvyšnú vodu zmiešame na pastu, vmiešame do panvice a za stáleho miešania dusíme, kým omáčka nezhustne. Zeleninu vráťte do panvice, dusíme, kým sa nezahreje. Ihneď podávajte.

Krevety s čínskymi hubami

Pre 4 osoby

8 sušených čínskych húb
45 ml / 3 lyžice arašidového oleja
3 plátky koreňa zázvoru, nasekané
450 g / 1 lb ošúpaných kreviet
15 ml / 1 polievková lyžica sójovej omáčky
5 ml / 1 lyžička soli
60 ml / 4 polievkové lyžice rybieho vývaru

Namočte huby do teplej vody na 30 minút, potom sceďte. Odstráňte stonky a nakrájajte čiapky. Zahrejte polovicu oleja a opečte zázvor, kým jemne nezhnedne. Pridajte krevety, sójovú omáčku a soľ a za stáleho miešania smažte, kým sa obalia v oleji, a potom vyberte z panvice. Zohrejte zvyšný olej a šampiňóny opečte, kým sa obalia v oleji. Pridajte vývar, priveďte do varu, prikryte a duste 3 minúty. Vráťte krevety do panvice a miešajte, kým sa nezahrejú.

Restované krevety a hrášok

Pre 4 osoby

450 g / 1 lb ošúpaných kreviet
5 ml / 1 lyžička sezamového oleja
5 ml / 1 lyžička soli
30 ml / 2 polievkové lyžice arašidového oleja
1 strúčik cesnaku, rozdrvený
1 plátok koreňa zázvoru, nasekaný
225 g blanšírovaného alebo mrazeného hrášku, rozmrazeného
4 nasekané jarné cibuľky (nakrájaná cibuľka).
30 ml / 2 polievkové lyžice vody
soľ a korenie

Zmiešajte krevety so sezamovým olejom a soľou. Rozohrejte olej a 1 minútu opečte cesnak a zázvor. Pridajte krevety a za stáleho miešania smažte 2 minúty. Pridajte hrášok a za stáleho miešania smažte 1 minútu. Pridajte jarnú cibuľku a vodu a dochuťte soľou, korením a trochou sezamového oleja, ak chcete. Pred podávaním prehrejte, dôkladne premiešajte.

Krevety s mangovým chutney

Pre 4 osoby

12 kreviet

soľ a korenie

šťava z 1 citróna

30 ml / 2 polievkové lyžice kukuričnej múky (kukuričný škrob)

1 mango

5 ml / 1 lyžička horčičného prášku

5 ml / 1 lyžička medu

30 ml / 2 lyžice kokosovej smotany

30 ml / 2 polievkové lyžice jemného kari

120 ml / 4 fl oz / ¬Ω šálka kuracieho vývaru

45 ml / 3 lyžice arašidového oleja

2 strúčiky cesnaku, mleté

2 jarné cibuľky (nakrájaná cibuľka).

1 fenikel, nasekaný

100 g mangového chutney

Ošúpte krevety, pričom ich chvosty nechajte nedotknuté. Posypeme soľou, korením a citrónovou šťavou, potom prikryjeme polovicou kukuričnej krupice. Mango ošúpeme, dužinu odrežeme z kôstok a následne nakrájame na kocky. Primiešame horčicu, med, kokosovú smotanu, kari, zvyšnú kukuričnú múčku a vývar. Polovicu oleja rozohrejeme a cesnak, jarnú cibuľku a fenikel opekáme 2 minúty. Pridáme vývar, privedieme do varu a 1 minútu povaríme. Pridajte kocky manga a chutney a jemne zohrejte, potom preneste na teplý servírovací tanier. Zvyšný olej zohrejte a krevety smažte 2 minúty. Poukladáme ich na zeleninu a ihneď podávame.

Vyprážané krevetové guľky s cibuľovou omáčkou

Pre 4 osoby

3 vajcia, zľahka rozšľahané
45 ml / 3 lyžice hladkej múky (univerzálne)
soľ a čerstvo mleté korenie
450 g / 1 lb ošúpaných kreviet
vyprážať olej
15 ml / 1 polievková lyžica arašidového oleja
2 cibule, nakrájané
15 ml / 1 polievková lyžica kukuričnej múky (kukuričný škrob)
30 ml / 2 polievkové lyžice sójovej omáčky
175 ml / 6 fl oz / ¬œ šálka vody

Zmiešajte vajcia, múku, soľ a korenie. Vložte krevety do cesta. Rozpálime olej a opečieme krevety do zlatista. Medzitým rozohrejeme olej a 1 minútu na ňom opekáme cibuľu. Zvyšné ingrediencie rozmixujeme na pastu, vmiešame cibuľu a za stáleho miešania varíme, kým omáčka nezhustne. Krevety sceďte a poukladajte na teplý servírovací tanier. Prelejeme omáčkou a ihneď podávame.

Mandarínkové krevety s hráškom

Pre 4 osoby

60 ml / 4 polievkové lyžice arašidového oleja

1 strúčik cesnaku, mletý

1 plátok koreňa zázvoru, nasekaný

450 g / 1 lb ošúpaných kreviet

30 ml / 2 polievkové lyžice ryžového vína alebo suchého sherry

225 g mrazeného hrášku, rozmrazeného

30 ml / 2 polievkové lyžice sójovej omáčky

15 ml / 1 polievková lyžica kukuričnej múky (kukuričný škrob)

45 ml / 3 polievkové lyžice vody

Zahrejte olej a opečte cesnak a zázvor, kým jemne nezhnednú. Pridajte krevety a za stáleho miešania smažte 1 minútu. Pridajte víno alebo sherry a dobre premiešajte. Pridajte hrášok a za stáleho miešania smažte 5 minút. Pridáme ostatné ingrediencie a za stáleho miešania smažíme 2 minúty.

Pekingské krevety

Pre 4 osoby

30 ml / 2 polievkové lyžice arašidového oleja
2 strúčiky cesnaku, rozdrvené
1 plátok koreňa zázvoru, jemne nasekaný
225 g ošúpaných kreviet
4 jarné cibuľky (párky), nakrájané na hrubé plátky
120 ml / 4 fl oz / ¬Ω šálka kuracieho vývaru
5 ml / 1 lyžička hnedého cukru
5 ml / 1 lyžička sójovej omáčky
5 ml / 1 lyžička hoisinovej omáčky
5 ml / 1 čajová lyžička omáčky Tabasco

Zahrejte olej s cesnakom a zázvorom a smažte, kým cesnak jemne nezhnedne. Pridajte krevety a za stáleho miešania smažte 1 minútu. Pridáme jarnú cibuľku a 1 minútu restujeme. Pridáme zvyšné suroviny, privedieme do varu, prikryjeme a za občasného miešania varíme 4 minúty. Skontrolujte korenie a ak chcete, pridajte trochu viac Tabasca.

Krevety s paprikou

Pre 4 osoby

30 ml / 2 polievkové lyžice arašidového oleja

1 zelená paprika, nakrájaná na kúsky

450 g / 1 lb ošúpaných kreviet

10 ml / 2 čajové lyžičky kukuričnej múky (kukuričný škrob)

60 ml / 4 polievkové lyžice vody

5 ml / 1 lyžička ryžového vína alebo suchého sherry

2,5 ml / ¬Ω čajová lyžička soli

45 ml / 2 lyžice paradajkového pretlaku √ © e (cestoviny)

Rozohrejeme olej a papriku opekáme 2 minúty. Pridajte krevety a paradajkový pretlak a dobre premiešajte. Zmiešajte vodu z kukuričnej krupice, víno alebo sherry a soľ na pastu, vmiešajte do panvice a varte za stáleho miešania, kým omáčka nezosvetlí a nezhustne.

Restované krevety s bravčovým mäsom

Pre 4 osoby

225 g ošúpaných kreviet
100 g chudého bravčového mäsa, nakrájaného
60 ml / 4 lyžice ryžového vína alebo suchého sherry
1 vaječný bielok
45 ml / 3 lyžice kukuričnej múky (kukuričný škrob)
5 ml / 1 lyžička soli
15 ml / 1 polievková lyžica vody (voliteľné)
90 ml / 6 polievkových lyžíc arašidového oleja
45 ml / 3 polievkové lyžice rybieho vývaru
5 ml / 1 lyžička sezamového oleja

Vložte krevety a bravčové mäso do samostatných misiek. Zmiešajte 45 ml/3 lyžice vína alebo sherry, vaječný bielok, 30 ml/2 lyžice kukuričnej múky a soľ, aby ste vytvorili sypké cesto, v prípade potreby pridajte vodu. Rozdeľte zmes medzi bravčové mäso a krevety a dobre premiešajte, aby sa rovnomerne obalili. Rozpálime olej a pár minút opekáme bravčové mäso a krevety do zlatista. Vyberte z panvice a nalejte všetko okrem 15 ml/1 polievkovú lyžicu oleja. Pridajte vývar do panvice so zvyšným vínom alebo sherry a kukuričnou múkou. Priveďte do varu a za stáleho miešania varte, kým omáčka nezhustne. Prelejte krevety a bravčové mäso a podávajte pokvapkané sezamovým olejom.

Vyprážané krevety so sherry omáčkou

Pre 4 osoby

50 g / 2 oz / ¬Ω šálka hladkej múky (univerzálne)

2,5 ml / ¬Ω čajová lyžička soli

1 vajce, zľahka rozšľahané

30 ml / 2 polievkové lyžice vody

450 g / 1 lb ošúpaných kreviet

vyprážať olej

15 ml / 1 polievková lyžica arašidového oleja

1 cibuľu nakrájanú nadrobno

45 ml / 3 lyžice ryžového vína alebo suchého sherry

15 ml / 1 polievková lyžica sójovej omáčky

120 ml / 4 fl oz / ¬Ω šálka rybieho vývaru

10 ml / 2 čajové lyžičky kukuričnej múky (kukuričný škrob)

30 ml / 2 polievkové lyžice vody

Múku, soľ, vajce a vodu vyšľaháme na cesto, v prípade potreby pridáme ešte trochu vody. Zmiešajte s krevetami, kým nie sú dobre pokryté. Rozohrejte olej a krevety opekajte niekoľko minút, kým nie sú chrumkavé a zlaté. Scedíme ich na savý papier a poukladáme na teplý servírovací tanier. Medzitým rozohrejeme olej a opražíme cibuľu, kým nezmäkne. Pridajte víno alebo sherry, sójovú omáčku a vývar, priveďte do varu a varte 4 minúty. Kukuričnú krupicu a vodu zmiešame na pastu, vmiešame do panvice a za stáleho miešania dusíme, kým omáčka nezosvetlí a nezhustne. Krevety prelejeme omáčkou a podávame.

Vyprážané sezamové krevety

Pre 4 osoby

450 g / 1 lb ošúpaných kreviet

½ vaječný bielok

5 ml / 1 lyžička sójovej omáčky

5 ml / 1 lyžička sezamového oleja

50 g / 2 oz / ½ šálka kukuričnej múky (kukuričný škrob)

soľ a čerstvo mleté biele korenie

vyprážať olej

60 ml / 4 polievkové lyžice sezamových semienok

listy šalátu

Krevety zmiešame s bielkom, sójovou omáčkou, sezamovým olejom, kukuričnou múkou, soľou a korením. Ak je zmes príliš hustá, pridajte trochu vody. Rozohrejte olej a krevety opekajte niekoľko minút, kým nie sú jemne zlaté. Medzitým si na suchej panvici krátko opražíme sezamové semienka dozlatista. Krevety scedíme a zmiešame so sezamovými semienkami. Podávajte na šalátovom lôžku.

Vyprážané krevety so škrupinou

Pre 4 osoby

60 ml / 4 polievkové lyžice arašidového oleja
750 g neošúpaných kreviet
3 jarné cibuľky (nakrájaná cibuľka).
3 plátky koreňa zázvoru, nasekané
2,5 ml / ½ čajová lyžička soli
15 ml / 1 polievková lyžica ryžového vína alebo suchého sherry
120 ml / 4 fl oz / ½ šálka paradajkového kečupu (catsup)
15 ml / 1 polievková lyžica sójovej omáčky
15 ml / 1 polievková lyžica cukru
15 ml / 1 polievková lyžica kukuričnej múky (kukuričný škrob)
60 ml / 4 polievkové lyžice vody

Zahrejte olej a smažte krevety 1 minútu, ak sú varené, alebo do ružova, ak sú surové. Pridajte jarnú cibuľku, zázvor, soľ a víno alebo sherry a restujte 1 minútu. Pridáme kečup, sójovú omáčku a cukor a za stáleho miešania opekáme 1 minútu. Zmiešajte kukuričnú múčku a vodu, vmiešajte do panvice a varte za stáleho miešania, kým omáčka nezosvetlí a nezhustne.

Vyprážané krevety

Pre 4 osoby

75 g / 3 oz / plná šálka kukuričnej múky (kukuričný škrob)
1 vaječný bielok
5 ml / 1 lyžička ryžového vína alebo suchého sherry
soľ
350 g ošúpaných kreviet
vyprážať olej

Kukuričnú múku, vaječný bielok, víno alebo sherry a štipku soli vyšľaháme na husté cesto. Ponorte krevety do cesta, kým nebudú dobre pokryté. Olej zohrejte, kým nebude mierne horúci a krevety opekajte niekoľko minút do zlatista. Vyberte ich z oleja, zohrejte, kým nebudú horúce, a potom krevety znova opečte, kým nie sú chrumkavé a zlaté.

Krevetová tempura

Pre 4 osoby

450 g / 1 lb ošúpaných kreviet
30 ml / 2 polievkové lyžice hladkej múky (univerzálne)
30 ml / 2 polievkové lyžice kukuričnej múky (kukuričný škrob)
30 ml / 2 polievkové lyžice vody
2 rozšľahané vajcia
vyprážať olej

Krevety prekrojte na vnútornej strane na polovicu a rozložte ich tak, aby vytvorili motýľa. Miešajte múku, kukuričnú múku a vodu, kým nevznikne cesto, potom vmiešajte vajcia. Rozpálime olej a opečieme krevety do zlatista.

Sub Gum

Pre 4 osoby

30 ml / 2 polievkové lyžice arašidového oleja

2 jarné cibuľky (nakrájaná cibuľka).

1 strúčik cesnaku, rozdrvený

1 plátok koreňa zázvoru, nasekaný

100 g kuracích pŕs, nakrájaných na prúžky

100 g šunky, nakrájanej na prúžky

100 g / 4 oz bambusové výhonky, nakrájané na prúžky

100 g vodných gaštanov nakrájaných na prúžky

225 g ošúpaných kreviet

30 ml / 2 polievkové lyžice sójovej omáčky

30 ml / 2 polievkové lyžice ryžového vína alebo suchého sherry

5 ml / 1 lyžička soli

5 ml / 1 lyžička cukru

5 ml / 1 čajová lyžička kukuričnej múky (kukuričný škrob)

Zohrejte olej a opečte na ňom jarnú cibuľku, cesnak a zázvor, kým jemne nezhnednú. Pridajte kuracie mäso a za stáleho miešania smažte 1 minútu. Pridajte šunku, bambusové výhonky a vodné gaštany a za stáleho miešania smažte 3 minúty. Pridajte krevety a za stáleho miešania smažte 1 minútu. Pridajte sójovú omáčku, víno alebo sherry, soľ a cukor a za stáleho miešania smažte 2 minúty. Kukuričnú krupicu zmiešame s trochou vody, vmiešame do panvice a dusíme za miešania 2 minúty.

Krevety s tofu

Pre 4 osoby

45 ml / 3 lyžice arašidového oleja
225 g tofu nakrájaného na kocky
1 jarná cibuľka (nasekaná cibuľka).
1 strúčik cesnaku, rozdrvený
15 ml / 1 polievková lyžica sójovej omáčky
5 ml / 1 lyžička cukru
90 ml / 6 polievkových lyžíc rybieho vývaru
225 g ošúpaných kreviet
15 ml / 1 polievková lyžica kukuričnej múky (kukuričný škrob)
45 ml / 3 polievkové lyžice vody

Polovicu oleja zohrejte a tofu opečte, kým jemne nezhnedne, potom vyberte z panvice. Zohrejte zvyšný olej a orestujte jarnú cibuľku a cesnak, kým jemne nezhnednú. Pridajte sójovú omáčku, cukor a vývar a priveďte do varu. Pridajte krevety a miešajte na miernom ohni 3 minúty. Kukuričnú krupicu a vodu rozmixujeme na pastu, vmiešame do panvice a za stáleho miešania dusíme, kým omáčka nezhustne. Tofu vrátime na panvicu a dusíme, kým sa nezohreje.

Krevety s paradajkami

Pre 4 osoby

2 bielka

30 ml / 2 polievkové lyžice kukuričnej múky (kukuričný škrob)

5 ml / 1 lyžička soli

450 g / 1 lb ošúpaných kreviet

vyprážať olej

30 ml / 2 polievkové lyžice ryžového vína alebo suchého sherry

225 g paradajok, ošúpaných, zbavených semienok a nakrájaných

Primiešame bielka, kukuričný škrob a soľ. Vhoďte krevety, kým nie sú dobre pokryté. Zahrejte olej a smažte krevety, kým sa neuvaria. Nalejte všetko okrem 15 ml/1 polievkovú lyžicu oleja a zohrejte. Pridajte víno alebo sherry a paradajky a priveďte do varu. Vmiešame krevety a pred podávaním ich rýchlo prehrejeme.

Krevety s paradajkovou omáčkou

Pre 4 osoby

30 ml / 2 polievkové lyžice arašidového oleja

1 strúčik cesnaku, rozdrvený

2 plátky koreňa zázvoru, nasekané

2,5 ml / ¬Ω čajová lyžička soli

15 ml / 1 polievková lyžica ryžového vína alebo suchého sherry

15 ml / 1 polievková lyžica sójovej omáčky

6 ml / 4 polievkové lyžice paradajkového kečupu (catsup)

120 ml / 4 fl oz / ¬Ω šálka rybieho vývaru

350 g ošúpaných kreviet

10 ml / 2 čajové lyžičky kukuričnej múky (kukuričný škrob)

30 ml / 2 polievkové lyžice vody

Rozpálime olej a 2 minúty restujeme cesnak, zázvor a soľ. Pridajte víno alebo sherry, sójovú omáčku, kečup a vývar a priveďte do varu. Pridáme krevety, prikryjeme a dusíme 2 minúty. Kukuričnú krupicu a vodu zmiešame na pastu, vmiešame do panvice a za stáleho miešania dusíme, kým omáčka nezosvetlí a nezhustne.

Krevety s paradajkovou a chilli omáčkou

Pre 4 osoby

60 ml / 4 polievkové lyžice arašidového oleja
15 ml / 1 polievková lyžica nasekaného zázvoru
15 ml / 1 polievková lyžica nasekaného cesnaku
15 ml / 1 polievková lyžica nasekanej jarnej cibuľky
60 ml / 4 lyžice paradajkového pretlaku√ © a (cestoviny)
15 ml / 1 polievková lyžica chilli omáčky
450 g / 1 lb ošúpaných kreviet
15 ml / 1 polievková lyžica kukuričnej múky (kukuričný škrob)
15 ml / 1 polievková lyžica vody

Rozpálime olej a 1 minútu orestujeme zázvor, cesnak a jarnú cibuľku. Pridajte paradajkový pretlak a chilli omáčku a dobre premiešajte. Pridajte krevety a za stáleho miešania smažte 2 minúty. Kukuričnú krupicu a vodu rozmixujeme na pastu, vmiešame do panvice a dusíme, kým omáčka nezhustne. Ihneď podávajte.

Vyprážané krevety s paradajkovou omáčkou

Pre 4 osoby

50 g / 2 oz / ¬Ω šálka hladkej múky (univerzálne)
2,5 ml / ¬Ω čajová lyžička soli
1 vajce, zľahka rozšľahané
30 ml / 2 polievkové lyžice vody
450 g / 1 lb ošúpaných kreviet
vyprážať olej
30 ml / 2 polievkové lyžice arašidového oleja
1 cibuľu nakrájanú nadrobno
2 plátky koreňa zázvoru, nasekané
75 ml / 5 lyžíc paradajkového kečupu (catsup)
10 ml / 2 čajové lyžičky kukuričnej múky (kukuričný škrob)
30 ml / 2 polievkové lyžice vody

Múku, soľ, vajce a vodu vyšľaháme na cesto, v prípade potreby pridáme ešte trochu vody. Zmiešajte s krevetami, kým nie sú dobre pokryté. Rozohrejte olej a krevety opekajte niekoľko minút, kým nie sú chrumkavé a zlaté. Nechajte odkvapkať na savom papieri.

Medzitým rozohrejeme olej a opražíme na ňom cibuľu a zázvor, kým nezmäknú. Pridajte kečup a varte 3 minúty. Kukuričnú krupicu a vodu zmiešame na pastu, vmiešame do panvice a za stáleho miešania dusíme, kým omáčka nezhustne. Pridajte krevety do panvice a dusíme, kým sa nezahrejú. Ihneď podávajte.

Krevety so zeleninou

Pre 4 osoby

15 ml / 1 polievková lyžica arašidového oleja

225 g ružičiek brokolice

225 g šampiňónových húb

225 g / 8 oz bambusové výhonky, nakrájané na plátky

450 g / 1 lb ošúpaných kreviet

120 ml / 4 fl oz / ¬Ω šálka kuracieho vývaru

5 ml / 1 čajová lyžička kukuričnej múky (kukuričný škrob)

5 ml / 1 lyžička ustricovej omáčky

2,5 ml / ¬Ω lyžičky cukru

2,5 ml / ¬Ω čajová lyžička strúhaného koreňa zázvoru

štipka čerstvo mletého korenia

Zohrejte olej a na panvici opečte brokolicu 1 minútu. Pridajte huby a bambusové výhonky a za stáleho miešania smažte 2 minúty. Pridajte krevety a za stáleho miešania smažte 2 minúty. Zvyšné ingrediencie zmiešame a vmiešame do krevetovej zmesi. Za stáleho miešania priveďte do varu a potom za stáleho miešania varte 1 minútu.

Krevety s vodnými gaštanmi

Pre 4 osoby

60 ml / 4 polievkové lyžice arašidového oleja

1 strúčik cesnaku, mletý

1 plátok koreňa zázvoru, nasekaný

450 g / 1 lb ošúpaných kreviet

30 ml / 2 lyžice ryžového vína alebo suchého sherry 225 g / 8 oz vodných gaštanov, nakrájaných na plátky

30 ml / 2 polievkové lyžice sójovej omáčky

15 ml / 1 polievková lyžica kukuričnej múky (kukuričný škrob)

45 ml / 3 polievkové lyžice vody

Zahrejte olej a opečte cesnak a zázvor, kým jemne nezhnednú. Pridajte krevety a za stáleho miešania smažte 1 minútu. Pridajte víno alebo sherry a dobre premiešajte. Pridajte vodné gaštany a za stáleho miešania smažte 5 minút. Pridáme ostatné ingrediencie a za stáleho miešania smažíme 2 minúty.

Krevetové knedle

Pre 4 osoby

450 g ošúpaných kreviet, nasekaných

225 g nasekanej zeleniny

15 ml / 1 polievková lyžica sójovej omáčky

2,5 ml / ½ čajová lyžička soli

pár kvapiek sezamového oleja

40 wonton skinov

vyprážať olej

Zmiešajte krevety, zeleninu, sójovú omáčku, soľ a sezamový olej.

Ak chcete zložiť wontons, chyťte kožu do dlane ľavej ruky a do stredu naneste trochu plnky. Okraje navlhčite vajíčkom a zložte kožu do trojuholníka, pričom okraje utesnite. Rohy navlhčite vajíčkom a otočte spolu.

Rozohrejte olej a opečte na ňom wontony po niekoľkých do zlatista. Pred podávaním dobre sceďte.

Abalone s kuracím mäsom

Pre 4 osoby

400 g / 14 oz konzervované mušle
30 ml / 2 polievkové lyžice arašidového oleja
100 g kuracie prsia, nakrájané na kocky
100 g / 4 oz bambusové výhonky, nakrájané na plátky
250 ml / 8 fl oz / 1 šálka rybieho vývaru
15 ml / 1 polievková lyžica ryžového vína alebo suchého sherry
5 ml / 1 lyžička cukru
2,5 ml / ½ čajová lyžička soli
15 ml / 1 polievková lyžica kukuričnej múky (kukuričný škrob)
45 ml / 3 polievkové lyžice vody

Sceďte a nakrájajte mušle, šťavu si nechajte. Zohrejte olej a opečte kurča na panvici, kým nebude svetlo sfarbené. Pridajte mušle a bambusové výhonky a za stáleho miešania smažte 1 minútu. Pridajte mušľovú tekutinu, vývar, víno alebo sherry, cukor a soľ, priveďte do varu a varte 2 minúty. Kukuričnú krupicu a vodu zmiešame na pastu a za stáleho miešania dusíme, kým omáčka nezosvetlí a nezhustne. Ihneď podávajte.

Abalone so špargľou

Pre 4 osoby

10 sušených čínskych húb

30 ml / 2 polievkové lyžice arašidového oleja

15 ml / 1 polievková lyžica vody

225 g špargle

2,5 ml / ¬Ω lyžička rybacej omáčky

15 ml / 1 polievková lyžica kukuričnej múky (kukuričný škrob)

225 g konzervovanej mušle, nakrájanej na plátky

60 ml / 4 polievkové lyžice vývaru

¬Ω malá mrkva, nakrájaná na plátky

5 ml / 1 lyžička sójovej omáčky

5 ml / 1 lyžička ustricovej omáčky

5 ml / 1 lyžička ryžového vína alebo suchého sherry

Namočte huby do teplej vody na 30 minút, potom sceďte. Odstráňte stonky. 15 ml / 1 polievková lyžica oleja zohrejeme s vodou a klobúčiky húb opekáme 10 minút. Medzitým uvarte špargľu vo vriacej vode s rybacou omáčkou a 5 ml/1 lyžička kukuričnej krupice do mäkka. Dobre ich sceďte a poukladajte na teplý servírovací tanier s hubami. Udržujte ich v teple. Zohrejte zvyšný olej a pár sekúnd opečte mušľu, potom pridajte vývar, mrkvu, sójovú omáčku, ustricovú omáčku, víno alebo sherry a zvyšnú kukuričnú múku. Varte asi 5 minút, kým sa dobre neuvarí, potom špargľu nalejte lyžicou a podávajte.

Abalone s hubami

Pre 4 osoby

6 sušených čínskych húb
400 g / 14 oz konzervované mušle
45 ml / 3 lyžice arašidového oleja
2,5 ml / ¬Ω čajová lyžička soli
15 ml / 1 polievková lyžica ryžového vína alebo suchého sherry
3 jarné cibuľky (párky), nakrájané na hrubé plátky

Namočte huby do teplej vody na 30 minút, potom sceďte. Odstráňte stonky a nakrájajte čiapky. Sceďte a nakrájajte mušle, šťavu si nechajte. Rozohrejte olej a na panvici opražte soľ a huby 2 minúty. Pridajte tekutú mušľu a sherry, priveďte do varu, prikryte a duste 3 minúty. Pridáme mušľu a jarnú cibuľku a dusíme, kým sa nezohreje. Ihneď podávajte.

Abalone s ustricovou omáčkou

Pre 4 osoby

400 g / 14 oz konzervované mušle

15 ml / 1 polievková lyžica kukuričnej múky (kukuričný škrob)
15 ml / 1 polievková lyžica sójovej omáčky
45 ml / 3 lyžice ustricovej omáčky
30 ml / 2 polievkové lyžice arašidového oleja
50 g údenej šunky, nakrájanej

Vypustite plechovku mušle a odložte si 90 ml/6 polievkových lyžíc tekutiny. Zmiešajte to s kukuričnou múkou, sójovou omáčkou a ustricovou omáčkou. Olej zohrejeme a scedenú mušľu opekáme 1 minútu. Vmiešame omáčkovú zmes a dusíme za stáleho miešania asi 1 minútu, kým sa neprehreje. Preložíme na teplý servírovací tanier a podávame ozdobené šunkou.

Dusené škeble

Pre 4 osoby

24 mušlí

Mušle dobre potrieme a na niekoľko hodín namočíme do osolenej vody. Opláchnite pod tečúcou vodou a položte na plytký plech na pečenie. Položte na mriežku do parného hrnca, prikryte a duste nad vriacou vriacou vodou asi 10 minút, kým sa neotvoria všetky mušle. Všetky, ktoré zostali zatvorené, zlikvidujte. Podávame s omáčkami.

Mušle s fazuľovými klíčkami

Pre 4 osoby

24 mušlí

15 ml / 1 polievková lyžica arašidového oleja

150 g sójových klíčkov

1 zelená paprika, nakrájaná na prúžky

2 jarné cibuľky (nakrájaná cibuľka).

15 ml / 1 polievková lyžica ryžového vína alebo suchého sherry

soľ a čerstvo mleté korenie

2,5 ml / ¬Ω čajová lyžička sezamového oleja

50 g údenej šunky, nakrájanej

Mušle dobre potrieme a na niekoľko hodín namočíme do osolenej vody. Opláchnite pod tečúcou vodou. Panvicu s vodou priveďte do varu, pridajte mušle a niekoľko minút varte, kým sa neotvoria. Vypustite a zlikvidujte všetko, čo zostalo neotvorené. Odstráňte mušle zo škrupín.

Rozpálime olej a fazuľové klíčky opekáme 1 minútu. Pridajte papriku a jarnú cibuľku a smažte 2 minúty. Pridajte víno alebo sherry a dochuťte soľou a korením. Zahrejte, potom pridajte mušle a miešajte, kým sa dobre nespoja a neprehrejú. Preložíme do teplej servírovacej misy a podávame posypané sezamovým olejom a šunkou.

Mušle so zázvorom a cesnakom

Pre 4 osoby

24 mušlí

15 ml / 1 polievková lyžica arašidového oleja

2 plátky koreňa zázvoru, nasekané

2 strúčiky cesnaku, rozdrvené

15 ml / 1 polievková lyžica vody

5 ml / 1 lyžička sezamového oleja

soľ a čerstvo mleté korenie

Mušle dobre potrieme a na niekoľko hodín namočíme do osolenej vody. Opláchnite pod tečúcou vodou. Zahrejte olej a 30 sekúnd smažte zázvor a cesnak. Pridajte mušle, vodu a sezamový olej, prikryte a varte asi 5 minút, kým sa mušle neotvoria. Všetky, ktoré zostali zatvorené, zlikvidujte. Jemne dochutíme soľou a korením a ihneď podávame.

Mušle vyprážané na panvici

Pre 4 osoby

24 mušlí

60 ml / 4 polievkové lyžice arašidového oleja

4 strúčiky cesnaku, mleté

1 cibuľa, nakrájaná

2,5 ml / ¬Ω čajová lyžička soli

Mušle dobre potrieme a na niekoľko hodín namočíme do osolenej vody. Opláchnite pod tečúcou vodou a osušte. Zahrejte olej a opečte cesnak, cibuľu a soľ, kým nezmäknú. Pridajte mušle, prikryte a duste asi 5 minút, kým sa neotvoria všetky škrupiny. Všetky, ktoré zostali zatvorené, zlikvidujte. Jemne smažíme ďalšiu minútu, podlievame olejom.

Krabie koláče

Pre 4 osoby

225 g fazuľových klíčkov
60 ml / 4 lyžice arašidového oleja (arašidy) 100 g / 4 unce bambusových výhonkov nakrájaných na prúžky
1 cibuľa, nakrájaná
225 g krabieho mäsa vo vločkách
4 vajcia, zľahka rozšľahané
15 ml / 1 polievková lyžica kukuričnej múky (kukuričný škrob)
30 ml / 2 polievkové lyžice sójovej omáčky
soľ a čerstvo mleté korenie

Fazuľové klíčky blanšírujte vo vriacej vode 4 minúty, potom sceďte. Zahrejte polovicu oleja a za stáleho miešania opečte fazuľové klíčky, bambusové výhonky a cibuľu, kým nezmäknú. Odstavíme z ohňa a vmiešame zvyšné ingrediencie okrem oleja. Zvyšný olej rozohrejte na čistej panvici a po lyžiciach opečte zmes krabieho mäsa, aby ste vytvorili malé koláčiky. Vyprážajte do zhnednutia na oboch stranách a ihneď podávajte.

Krabí puding

Pre 4 osoby

225 g krabieho mäsa
5 vajec, rozšľahaných
1 jarná cibuľka (nakrájaná nadrobno).
250 ml / 8 fl oz / 1 šálka vody
5 ml / 1 lyžička soli
5 ml / 1 lyžička sezamového oleja

Všetky ingrediencie dobre premiešame. Vložte do misy, prikryte a položte na hornú časť dvojitého kotla nad horúcou vodou alebo na parný stojan. Dusíme asi 35 minút, kým nezískame konzistenciu pudingu, za občasného miešania. Podávame s ryžou.

Krabie mäso s čínskymi listami

Pre 4 osoby

450 g čínskych listov, nasekaných
45 ml / 3 lyžice rastlinného oleja
2 jarné cibuľky (nakrájaná cibuľka).
225 g krabieho mäsa
15 ml / 1 polievková lyžica sójovej omáčky
15 ml / 1 polievková lyžica ryžového vína alebo suchého sherry
5 ml / 1 lyžička soli

Čínske listy blanšírujte vo vriacej vode 2 minúty, potom ich opatrne sceďte a opláchnite v studenej vode. Rozpálime olej a opražíme na ňom jarnú cibuľku, kým jemne nezhnedne. Pridajte krabie mäso a za stáleho miešania smažte 2 minúty. Pridajte čínske listy a za stáleho miešania smažte 4 minúty. Pridajte sójovú omáčku, víno alebo sherry a soľ a dobre premiešajte. Pridajte vývar a kukuričnú múku, priveďte do varu a za stáleho miešania varte 2 minúty, kým omáčka nezosvetlí a nezhustne.

Krab Foo Yung s fazuľovými klíčkami

Pre 4 osoby

6 vajec, rozšľahaných

45 ml / 3 lyžice kukuričnej múky (kukuričný škrob)

225 g krabieho mäsa

100 g sójových klíčkov

2 jarné cibuľky (nakrájané nadrobno).

2,5 ml / ¬Ω čajová lyžička soli

45 ml / 3 lyžice arašidového oleja

Rozšľahajte vajcia a potom pridajte kukuričnú múku. Zmiešajte zvyšné ingrediencie okrem oleja. Rozohrejte olej a zmes postupne nalejte na panvicu, aby ste získali malé placky s priemerom asi 7,5 cm. Opečte dozlatista na dne, potom otočte a opečte na druhej strane.

Zázvorový krab

Pre 4 osoby

15 ml / 1 polievková lyžica arašidového oleja
2 plátky koreňa zázvoru, nasekané
4 nasekané jarné cibuľky (nakrájaná cibuľka).
3 strúčiky cesnaku, rozdrvené
1 červená paprika, nakrájaná
350 g krabieho mäsa vo vločkách
2,5 ml / ¬Ω lyžička rybej pasty
2,5 ml / ¬Ω čajová lyžička sezamového oleja
15 ml / 1 polievková lyžica ryžového vína alebo suchého sherry
5 ml / 1 čajová lyžička kukuričnej múky (kukuričný škrob)
15 ml / 1 polievková lyžica vody

Rozpálime olej a 2 minúty opekáme zázvor, jarnú cibuľku, cesnak a chilli. Pridajte krabie mäso a miešajte, kým nie je dobre pokryté korením. Vmiešame rybiu pastu. Zvyšné ingrediencie premiešajte, kým sa nevytvorí pasta, potom ich vmiešajte do panvice a za stáleho miešania smažte 1 minútu. Ihneď podávajte.

Krab Lo Mein

Pre 4 osoby

100 g sójových klíčkov
30 ml / 2 polievkové lyžice arašidového oleja
5 ml / 1 lyžička soli
1 cibuľa, nakrájaná na plátky
100 g šampiňónov, nakrájaných na plátky
225 g krabieho mäsa vo vločkách
100 g / 4 oz bambusové výhonky, nakrájané na plátky
Hodené Tagliatelle
30 ml / 2 polievkové lyžice sójovej omáčky
5 ml / 1 lyžička cukru
5 ml / 1 lyžička sezamového oleja
soľ a čerstvo mleté korenie

Fazuľové klíčky blanšírujte vo vriacej vode 5 minút, potom sceďte. Zahrejte olej a opečte soľ a cibuľu, kým nezmäknú. Pridajte huby a duste, kým nezmäknú. Pridajte krabie mäso a za stáleho miešania smažte 2 minúty. Pridajte fazuľové klíčky a bambusové výhonky a za stáleho miešania smažte 1 minútu. Do panvice pridajte scedené rezance a jemne premiešajte. Zmiešajte sójovú omáčku, cukor a sezamový olej a dochuťte soľou a korením. Miešajte na panvici, kým sa nezahreje.

Vyprážaný krab s bravčovým mäsom

Pre 4 osoby

30 ml / 2 polievkové lyžice arašidového oleja
100 g / 4 oz mleté bravčové mäso (mleté)
350 g krabieho mäsa vo vločkách
2 plátky koreňa zázvoru, nasekané
2 vajcia, zľahka rozšľahané
15 ml / 1 polievková lyžica sójovej omáčky
15 ml / 1 polievková lyžica ryžového vína alebo suchého sherry
30 ml / 2 polievkové lyžice vody
soľ a čerstvo mleté korenie
4 jarné cibuľky (pokrájané na pásiky).

Zohrejte olej a opečte bravčové mäso, kým nebude svetlo sfarbené. Pridajte krabie mäso a zázvor a za stáleho miešania smažte 1 minútu. Zapracujte vajíčka. Pridajte sójovú omáčku, víno alebo sherry, vodu, soľ a korenie a za stáleho miešania varte asi 4 minúty. Podávame ozdobené jarnou cibuľkou.

Vyprážané krabie mäso

Pre 4 osoby

30 ml / 2 polievkové lyžice arašidového oleja
450 g krabieho mäsa vo vločkách
2 jarné cibuľky (nakrájaná cibuľka).
2 plátky koreňa zázvoru, nasekané
30 ml / 2 polievkové lyžice sójovej omáčky
30 ml / 2 polievkové lyžice ryžového vína alebo suchého sherry
2,5 ml / ¬Ω čajová lyžička soli
15 ml / 1 polievková lyžica kukuričnej múky (kukuričný škrob)
60 ml / 4 polievkové lyžice vody

Rozohrejeme olej a krabie mäso, jarnú cibuľku a zázvor opražíme 1 minútu. Pridajte sójovú omáčku, víno alebo sherry a soľ, prikryte a duste 3 minúty. Kukuričnú krupicu a vodu zmiešame na pastu, vmiešame do panvice a za stáleho miešania dusíme, kým omáčka nezosvetlí a nezhustne.

Vyprážané mäsové guľky zo sépie

Pre 4 osoby

450 g sépie

50 g bravčovej masti, drvenej

1 vaječný bielok

2,5 ml / ¬Ω lyžičky cukru

2,5 ml / ¬Ω lyžičky kukuričnej múky (kukuričný škrob)

soľ a čerstvo mleté korenie

vyprážať olej

Sépie nakrájame a rozdrvíme alebo zredukujeme na kašu. Primiešame masť, vaječný bielok, cukor a kukuričnú múku a dochutíme soľou a korením. Zmes roztlačíme do guľôčok. Rozohrejeme olej a opekáme sépiové guľky, podľa potreby po dávkach, kým na oleji neplávajú a nezozlatnú. Dobre sceďte a ihneď podávajte.

Kantonský homár

Pre 4 osoby

2 homáre
30 ml / 2 polievkové lyžice oleja
15 ml / 1 polievková lyžica omáčky z čiernej fazule
1 strúčik cesnaku, rozdrvený
1 cibuľa, nakrájaná
225 g / 8 oz nakrájané bravčové mäso (mleté)
45 ml / 3 lyžice sójovej omáčky
5 ml / 1 lyžička cukru
soľ a čerstvo mleté korenie
15 ml / 1 polievková lyžica kukuričnej múky (kukuričný škrob)
75 ml / 5 polievkových lyžíc vody
1 vajce, rozšľahané

Rozdrvte homáre, vyberte mäso a nakrájajte na kocky s veľkosťou 2,5 cm/1 palec. Rozohrejte olej a opečte omáčku z čiernej fazule, cesnak a cibuľu, kým jemne nezhnednú. Pridajte bravčové mäso a opečte do zlatista. Pridáme sójovú omáčku, cukor, soľ, korenie a homára, prikryjeme a dusíme asi 10 minút. Kukuričnú krupicu a vodu rozmixujeme na pastu, vmiešame do panvice a za stáleho miešania dusíme, kým omáčka nezosvetlí a nezhustne. Pred podávaním vypnite oheň a vmiešajte vajíčko.

Vyprážaný homár

Pre 4 osoby

450 g / 1 lb mäsa z homára

30 ml / 2 polievkové lyžice sójovej omáčky

5 ml / 1 lyžička cukru

1 vajce, rozšľahané

30 ml / 3 lyžice hladkej múky (univerzálne)

vyprážať olej

Mäso z homára nakrájame na 2,5 cm/1 kocky a ochutíme sójovou omáčkou a cukrom. Nechajte 15 minút odpočívať a potom sceďte. Rozšľahajte vajce a múku, potom pridajte homára a dobre premiešajte, aby sa obalil. Rozohrejte olej a homáre opečte do zlatista. Pred podávaním sceďte na savý papier.

Dusený homár so šunkou

Pre 4 osoby

4 vajcia, zľahka rozšľahané
60 ml / 4 polievkové lyžice vody
5 ml / 1 lyžička soli
15 ml / 1 polievková lyžica sójovej omáčky
450 g / 1 lb mäso z homára, vo vločkách
15 ml / 1 polievková lyžica nakrájanej údenej šunky
15 ml / 1 polievková lyžica nasekanej čerstvej petržlenovej vňate

Vajcia rozšľaháme s vodou, soľou a sójovou omáčkou. Nalejte do rúry odolnej voči rúre a posypte mäsom z homára. Misku položte na mriežku v parnom hrnci, prikryte a duste 20 minút, kým vajcia nestuhnú. Podávame ozdobené šunkou a petržlenovou vňaťou.

Homár s hubami

Pre 4 osoby
450 g / 1 lb mäsa z homára

15 ml / 1 polievková lyžica kukuričnej múky (kukuričný škrob)
60 ml / 4 polievkové lyžice vody
30 ml / 2 polievkové lyžice arašidového oleja
4 jarné cibuľky (párky), nakrájané na hrubé plátky
100 g šampiňónov, nakrájaných na plátky
2,5 ml / ¬Ω čajová lyžička soli
1 strúčik cesnaku, rozdrvený
30 ml / 2 polievkové lyžice sójovej omáčky
15 ml / 1 polievková lyžica ryžového vína alebo suchého sherry

Mäso z homára nakrájame na kocky 2,5 cm/1 palec. Zmiešajte kukuričnú múčku a vodu, kým sa nevytvorí pasta, a do zmesi vmiešajte kocky homára, aby sa obalili. Zahrejte polovicu oleja a opečte kocky homára, kým jemne nezhnednú, vyberte ich z panvice. Zohrejte zvyšný olej a opečte na ňom jarnú cibuľku, kým jemne nezhnedne. Pridajte huby a za stáleho miešania smažte 3 minúty. Pridajte soľ, cesnak, sójovú omáčku a víno alebo sherry a za stáleho miešania smažte 2 minúty. Vráťte homára na panvicu a za stáleho miešania smažte, kým sa nezahreje.

Homáre chvosty s bravčovým mäsom

Pre 4 osoby

3 sušené čínske huby

4 chvosty homára
60 ml / 4 polievkové lyžice arašidového oleja
100 g / 4 oz mleté bravčové mäso (mleté)
50 g vodných gaštanov nasekaných nadrobno
soľ a čerstvo mleté korenie
2 strúčiky cesnaku, rozdrvené
45 ml / 3 lyžice sójovej omáčky
30 ml / 2 polievkové lyžice ryžového vína alebo suchého sherry
30 ml / 2 polievkové lyžice omáčky z čiernej fazule
10 ml / 2 polievkové lyžice kukuričnej múky (kukuričný škrob)
120 ml / 4 fl oz / ¬Ω šálka vody

Namočte huby do teplej vody na 30 minút, potom sceďte. Odstráňte stonky a nakrájajte čiapky. Rozrežte chvosty homára pozdĺžne na polovicu. Odstráňte mäso z chvostov homára, vyhradzujte si škrupiny. Zahrejte polovicu oleja a opečte bravčové mäso, kým nebude svetlo sfarbené. Odstráňte z ohňa a pridajte huby, mäso z homára, vodné gaštany, soľ a korenie. Mäso vtlačíme do panciera homára a položíme na pekáč. Umiestnite na mriežku do parného hrnca, prikryte a duste asi 20 minút, kým sa neuvarí. Medzitým zohrejte zvyšný olej a restujte cesnak, sójovú omáčku, víno alebo sherry a omáčku z čiernej fazule 2 minúty. Kukuričnú krupicu a vodu zmiešame na pastu, vmiešame do panvice a za stáleho miešania dusíme, kým omáčka nezhustne. Položte homára na teplý tanier, polejte omáčkou a ihneď podávajte.

Na panvici vyprážaný homár

Pre 4 osoby

450 g / 1 lb chvosty homára
30 ml / 2 polievkové lyžice arašidového oleja
1 strúčik cesnaku, rozdrvený
2,5 ml / ¬Ω čajová lyžička soli
350 g sójových klíčkov
50 g šampiňónových húb
4 jarné cibuľky (párky), nakrájané na hrubé plátky
150 ml / ¬° pt / štedrá ¬Ω šálka kuracieho vývaru
15 ml / 1 polievková lyžica kukuričnej múky (kukuričný škrob)

Hrniec s vodou priveďte do varu, pridajte homárske chvosty a varte 1 minútu. Scedíme, ochladíme, odstránime škrupinu a nakrájame na hrubé plátky. Rozpálime olej s cesnakom a soľou a restujeme, kým cesnak nie je jemne zlatistý. Pridajte homára a za stáleho miešania smažte 1 minútu. Pridajte fazuľové klíčky a huby a za stáleho miešania smažte 1 minútu. Vmiešame jarnú cibuľku. Prilejeme väčšinu vývaru, privedieme do varu, prikryjeme a dusíme 3 minúty. Kukuričnú krupicu zmiešame so zvyšným vývarom, vmiešame do panvice a za stáleho miešania dusíme, kým omáčka nezosvetlí a nezhustne.

Homáre hniezda

Pre 4 osoby

30 ml / 2 polievkové lyžice arašidového oleja
5 ml / 1 lyžička soli
1 cibuľa, nakrájaná na tenké plátky
100 g šampiňónov, nakrájaných na plátky
100 g bambusových výhonkov, 225 g nakrájaného vareného mäsa z homára
15 ml / 1 polievková lyžica ryžového vína alebo suchého sherry
120 ml / 4 fl oz / ¬Ω šálka kuracieho vývaru
štipka čerstvo mletého korenia
10 ml / 2 čajové lyžičky kukuričnej múky (kukuričný škrob)
15 ml / 1 polievková lyžica vody
4 košíky na rezance

Zahrejte olej a opečte soľ a cibuľu, kým nezmäknú. Pridajte huby a bambusové výhonky a za stáleho miešania smažte 2 minúty. Pridajte mäso z homára, víno alebo sherry a vývar, priveďte do varu, prikryte a duste 2 minúty. Dochutíme korením. Kukuričnú krupicu a vodu zmiešame na pastu, vmiešame do panvice a za stáleho miešania dusíme, kým omáčka nezhustne. Cestovinové hniezda poukladajte na teplý servírovací tanier a ozdobte homárom vyprážaným na panvici.

Mušle v omáčke z čiernej fazule

Pre 4 osoby

45 ml / 3 lyžice arašidového oleja
2 strúčiky cesnaku, rozdrvené
2 plátky koreňa zázvoru, nasekané
30 ml / 2 polievkové lyžice omáčky z čiernej fazule
15 ml / 1 polievková lyžica sójovej omáčky
1,5 kg/3 lb mušle, trené a fúzaté
2 jarné cibuľky (nakrájaná cibuľka).

Zahrejte olej a opečte cesnak a zázvor 30 sekúnd. Pridajte omáčku z čiernej fazule a sójovú omáčku a za stáleho miešania smažte 10 sekúnd. Pridajte mušle, prikryte a varte asi 6 minút, kým sa mušle neotvoria. Všetky, ktoré zostali zatvorené, zlikvidujte. Preložíme do teplej servírovacej misy a podávame posypané jarnou cibuľkou.

Mušle so zázvorom

Pre 4 osoby

45 ml / 3 lyžice arašidového oleja
2 strúčiky cesnaku, rozdrvené
4 plátky koreňa zázvoru, nasekané
1,5 kg/3 lb mušle, trené a fúzaté
45 ml / 3 polievkové lyžice vody
15 ml / 1 polievková lyžica ustricovej omáčky

Zahrejte olej a opečte cesnak a zázvor 30 sekúnd. Pridajte mušle a vodu, prikryte a varte asi 6 minút, kým sa mušle neotvoria. Všetky, ktoré zostali zatvorené, zlikvidujte. Preložíme na teplý servírovací tanier a podávame poliate ustricovou omáčkou.

Dusené mušle

Pre 4 osoby

1,5 kg/3 lb mušle, trené a fúzaté

45 ml / 3 lyžice sójovej omáčky

3 jarné cibuľky (nakrájané nadrobno).

Mušle poukladáme na rošt v parnom hrnci, prikryjeme a dusíme nad vriacou vodou asi 10 minút, kým sa všetky mušle neotvoria. Všetky, ktoré zostali zatvorené, zlikvidujte. Preložíme na teplý servírovací tanier a podávame posypané sójovou omáčkou a jarnou cibuľkou.

Vyprážané ustrice

Pre 4 osoby

24 ustríc, vylúpaných

soľ a čerstvo mleté korenie

1 vajce, rozšľahané

50 g / 2 oz / ¬Ω šálka hladkej múky (univerzálne)

250 ml / 8 fl oz / 1 šálka vody

vyprážať olej

4 nasekané jarné cibuľky (nakrájaná cibuľka).

Posypte hlivu soľou a korením. Vajíčko rozšľaháme s múkou a vodou, kým nám nevznikne cesto, ktorým obaľujeme ustrice. Rozpálime olej a opečieme hlivu do zlatista. Scedíme na savom papieri a podávame ozdobené jarnou cibuľkou.

Ustrice so slaninou

Pre 4 osoby

175 g slaniny
24 ustríc, vylúpaných
1 vajce, zľahka rozšľahané
15 ml / 1 polievková lyžica vody
45 ml / 3 lyžice arašidového oleja
2 cibule, nakrájané
15 ml / 1 polievková lyžica kukuričnej múky (kukuričný škrob)
15 ml / 1 polievková lyžica sójovej omáčky
90 ml / 6 polievkových lyžíc kuracieho vývaru

Slaninu nakrájajte na kúsky a kúskom obtočte každú hlivu. Vajíčko rozšľaháme s vodou a potom ho ponoríme do ustríc, aby sa obalili. Polovicu oleja zohrejte a ustrice opečte z oboch strán do zhnednutia, potom vyberte z panvice a vypustite tuk. Zohrejte zvyšný olej a opečte cibuľu, kým nezmäkne. Kukuričnú krupicu, sójovú omáčku a vývar zmiešame na pastu, vlejeme do panvice a za stáleho miešania dusíme, kým omáčka nezosvetlí a nezhustne. Nalejte na ustrice a ihneď podávajte.

Vyprážané ustrice so zázvorom

Pre 4 osoby

24 ustríc, vylúpaných
2 plátky koreňa zázvoru, nasekané
30 ml / 2 polievkové lyžice sójovej omáčky
15 ml / 1 polievková lyžica ryžového vína alebo suchého sherry
4 jarné cibuľky (pokrájané na pásiky).
100 g slaniny
1 vajce
50 g / 2 oz / ¬Ω šálka hladkej múky (univerzálne)
soľ a čerstvo mleté korenie
vyprážať olej
1 citrón, nakrájaný na kolieska

Vložte ustrice do misky so zázvorom, sójovou omáčkou a vínom alebo sherry a dobre premiešajte, aby sa obalili. Nechajte 30 minút odpočívať. Na vrch každej hlivy položte niekoľko prúžkov jarnej cibuľky. Slaninu nakrájajte na kúsky a kúskom obtočte každú hlivu. Vajíčko a múku rozšľaháme do hladka a dochutíme soľou a korením. Namáčajte ustrice v cestíčku, kým nebudú dobre obalené. Rozpálime olej a opečieme hlivu do zlatista. Podávame ozdobené kolieskami citróna.

Ustrice s omáčkou z čiernej fazule

Pre 4 osoby

350 g / 12 oz lúpaných ustríc
120 ml / 4 fl oz / ¬Ω šálka arašidového oleja
2 strúčiky cesnaku, rozdrvené
3 jarné cibuľky (plátky cibule).
15 ml / 1 polievková lyžica omáčky z čiernej fazule
30 ml / 2 polievkové lyžice tmavej sójovej omáčky
15 ml / 1 polievková lyžica sezamového oleja
štipka čili prášku

Blanšírujte ustrice vo vriacej vode po dobu 30 sekúnd, potom sceďte. Rozohrejte olej a opečte na ňom cesnak a jarnú cibuľku 30 sekúnd. Pridajte omáčku z čiernej fazule, sójovú omáčku, sezamový olej a ustrice a dochuťte podľa chuti čili práškom. Za stáleho miešania smažte, kým sa nezahreje, a ihneď podávajte.

Hrebenatka s bambusovými výhonkami

Pre 4 osoby

60 ml / 4 polievkové lyžice arašidového oleja
6 nasekaných jarných cibuľiek (cibuliek).
225 g húb, nakrájaných na štvrtiny
15 ml / 1 polievková lyžica cukru
450 g / 1 lb lúpané mušle
2 plátky koreňa zázvoru, nasekané
225 g / 8 oz bambusové výhonky, nakrájané na plátky
soľ a čerstvo mleté korenie
300 ml / ¬Ω pt / 1 ¬° šálky vody
30 ml / 2 lyžice vínneho octu
30 ml / 2 polievkové lyžice kukuričnej múky (kukuričný škrob)
150 ml / ¬° pt / veľa ¬Ω šálky vody
45 ml / 3 lyžice sójovej omáčky

Rozpálime olej a 2 minúty opekáme jarnú cibuľku a šampiňóny. Pridajte cukor, mušle, zázvor, bambusové výhonky, soľ a korenie, prikryte a varte 5 minút. Pridajte vodu a vínny ocot, priveďte do varu, prikryte a duste 5 minút. Kukuričnú krupicu a vodu rozmixujeme na pastu, vmiešame do panvice a za stáleho miešania dusíme, kým omáčka nezhustne. Dochutíme sójovou omáčkou a podávame.

Vaječné hrebenatky

Pre 4 osoby

45 ml / 3 lyžice arašidového oleja

350 g lúpaných mušlí

25 g údenej šunky, nakrájanej

30 ml / 2 polievkové lyžice ryžového vína alebo suchého sherry

5 ml / 1 lyžička cukru

2,5 ml / ¬Ω čajová lyžička soli

štipka čerstvo mletého korenia

2 vajcia, zľahka rozšľahané

15 ml / 1 polievková lyžica sójovej omáčky

Zohrejte olej a na panvici smažte mušle po dobu 30 sekúnd. Pridáme šunku a za stáleho miešania opekáme 1 minútu. Pridajte víno alebo sherry, cukor, soľ a korenie a za stáleho miešania smažte 1 minútu. Pridajte vajcia a jemne premiešajte na silnom ohni, kým sa ingrediencie dobre neobalú vo vajci. Podávame posypané sójovou omáčkou.

Hrebenatka s brokolicou

Pre 4 osoby

350 g hrebenatky, nakrájané na plátky
3 plátky koreňa zázvoru, nasekané
¬Ω malá mrkva, nakrájaná na plátky
1 strúčik cesnaku, rozdrvený
45 ml / 3 lyžice hladkej múky (univerzálne)
2,5 ml / ¬Ω čajovej lyžičky hydrogénuhličitanu sodného (hydrogenuhličitanu sodného)
30 ml / 2 polievkové lyžice arašidového oleja
15 ml / 1 polievková lyžica vody
1 banán, nakrájaný na plátky
vyprážať olej
275 g brokolice
soľ
5 ml / 1 lyžička sezamového oleja
2,5 ml / ¬Ω čajová lyžička chilli omáčky
2,5 ml / ¬Ω lyžičky vínneho octu
2,5 ml / ¬Ω čajová lyžička paradajkového pretlaku√ © e (cestoviny)

Mušle zmiešame so zázvorom, mrkvou a cesnakom a necháme odležať. Múku, sódu bikarbónu, 15 ml/1 polievkovú lyžicu oleja a vodu zmiešame na pastu a použijeme na obaľovanie banánových plátkov. Zohrejte olej a opečte banán do zlatista, potom sceďte a poukladajte okolo teplého servírovacieho taniera. Medzitým uvaríme brokolicu vo vriacej osolenej vode do mäkka, potom scedíme. Zvyšný olej rozohrejte so sezamovým olejom a brokolicu krátko opečte a potom ju poukladajte na tanier s banánmi. Pridajte chilli omáčku, vínny ocot a paradajkovú pastu na panvicu a smažte mušle, kým sa neuvaria. Nalejte na servírovací tanier a ihneď podávajte.

Hrebenatka so zázvorom

Pre 4 osoby

45 ml / 3 lyžice arašidového oleja
2,5 ml / ½ čajová lyžička soli
3 plátky koreňa zázvoru, nasekané
2 jarné cibuľky (párky), nakrájané na hrubé plátky
450 g / 1 lb lúpané hrebenatky, rozpolené
15 ml / 1 polievková lyžica kukuričnej múky (kukuričný škrob)
60 ml / 4 polievkové lyžice vody

Zahrejte olej a smažte soľ a zázvor po dobu 30 sekúnd. Pridajte jarnú cibuľku a restujte, kým jemne nezhnedne. Pridajte mušle a za stáleho miešania smažte 3 minúty. Kukuričnú múku a vodu zmiešame na pastu, pridáme do panvice a za stáleho miešania dusíme do zhustnutia. Ihneď podávajte.

Hrebenatka so šunkou

Pre 4 osoby

450 g / 1 lb lúpané hrebenatky, rozpolené
250 ml / 8 fl oz / 1 šálka ryžového vína alebo suchého sherry
1 cibuľu nakrájanú nadrobno
2 plátky koreňa zázvoru, nasekané
2,5 ml / ½ čajová lyžička soli
100 g údenej šunky, nakrájanej

Vložte mušle do misky a pridajte víno alebo sherry. Zakryte a nechajte marinovať 30 minút, občas obracajte, potom mušle sceďte a marinádu vylejte. Hrebenatky vložíme do zapekacej misy so zvyšnými surovinami. Nádobu položte na rošt v parnom hrnci, prikryte a duste nad vriacou vodou asi 6 minút, kým mušle nezmäknú.

Miešané mušle s bylinkami

Pre 4 osoby

225 g vylúpaných mušlí

30 ml / 2 polievkové lyžice nasekaného čerstvého koriandra

4 rozšľahané vajcia

15 ml / 1 polievková lyžica ryžového vína alebo suchého sherry

soľ a čerstvo mleté korenie

15 ml / 1 polievková lyžica arašidového oleja

Hrebenatky vložte do parného hrnca a varte v pare asi 3 minúty, v závislosti od veľkosti. Vyberte z parného hrnca a posypte koriandrom. Vajíčka rozšľaháme s vínom alebo sherry a dochutíme soľou a korením. Vmiešame mušle a koriander. Zahrejte olej a smažte zmes vajec a hrebenatky za stáleho miešania, kým vajcia nestuhnú. Ihneď podávajte.

Hrebenatka a cibuľa orestované na panvici

Pre 4 osoby

45 ml / 3 lyžice arašidového oleja
1 cibuľa, nakrájaná na plátky
450 g vylúpaných mušlí, nakrájaných na štvrtiny
soľ a čerstvo mleté korenie
15 ml / 1 polievková lyžica ryžového vína alebo suchého sherry

Rozpálime olej a opražíme cibuľu, kým nezmäkne. Pridajte mušle a smažte, kým jemne nezhnednú. Dochutíme soľou, korením, podlejeme vínom alebo sherry a ihneď podávame.

Hrebenatka so zeleninou

Pre 4 osoby 6

4 sušené čínske huby
2 cibule
30 ml / 2 polievkové lyžice arašidového oleja
3 zelerové tyčinky, šikmo nakrájané
225 g zelenej fazuľky, nakrájanej uhlopriečne
10 ml / 2 čajové lyžičky strúhaného koreňa zázvoru
1 strúčik cesnaku, rozdrvený
20 ml / 4 čajové lyžičky kukuričnej múky (kukuričný škrob)
250 ml / 8 fl oz / 1 šálka kuracieho vývaru
30 ml / 2 polievkové lyžice ryžového vína alebo suchého sherry
30 ml / 2 polievkové lyžice sójovej omáčky
450 g vylúpaných mušlí, nakrájaných na štvrtiny
6 jarnej cibuľky (plátky cibule).
425 g / 15 oz konzervované kukuričné klasy

Namočte huby do teplej vody na 30 minút, potom sceďte. Odstráňte stonky a nakrájajte čiapky. Cibuľu nakrájajte na kolieska a oddeľte vrstvy. Zohrejte olej a 3 minúty orestujte cibuľu, zeler, fazuľu, zázvor a cesnak. Kukuričnú krupicu rozmixujte s trochou vývaru, potom primiešajte zvyšný vývar, víno alebo sherry a sójovú omáčku. Pridajte do woku a za stáleho miešania priveďte do varu. Pridajte huby, mušle, jarnú cibuľku a kukuricu a za stáleho miešania opekajte asi 5 minút, kým mušle nezmäknú.

Hrebenatka s paprikou

Pre 4 osoby

30 ml / 2 polievkové lyžice arašidového oleja
3 jarné cibuľky (nakrájaná cibuľka).
1 strúčik cesnaku, rozdrvený
2 plátky koreňa zázvoru, nasekané
2 červené papriky, nakrájané na kocky
450 g / 1 lb lúpané mušle
30 ml / 2 polievkové lyžice ryžového vína alebo suchého sherry
15 ml / 1 polievková lyžica sójovej omáčky
15 ml / 1 polievková lyžica omáčky zo žltých fazúľ
5 ml / 1 lyžička cukru
5 ml / 1 lyžička sezamového oleja

Rozpálime olej a 30 sekúnd orestujeme jarnú cibuľku, cesnak a zázvor. Pridajte papriku a za stáleho miešania smažte 1 minútu. Pridajte mušle a za stáleho miešania smažte 30 sekúnd, potom pridajte zvyšné ingrediencie a varte asi 3 minúty, kým mušle nezmäknú.

Kalamáre s fazuľovými klíčkami

Pre 4 osoby

450 g kalamárov

30 ml / 2 polievkové lyžice arašidového oleja

15 ml / 1 polievková lyžica ryžového vína alebo suchého sherry

100 g sójových klíčkov

15 ml / 1 polievková lyžica sójovej omáčky

soľ

1 červená paprika, nakrájaná

2 plátky koreňa zázvoru, nasekané

2 jarné cibuľky (šalotka), nakrájané

Odstráňte hlavu, vnútornosti a membránu z chobotnice a nakrájajte ich na veľké kusy. Na každý kus vystrihnite krížový vzor. Hrniec s vodou priveďte do varu, pridajte kalamáre a varte, kým sa kúsky nezvlnia, potom vyberte a sceďte. Polovicu oleja rozohrejeme a kalamáre rýchlo opečieme. Podlejeme vínom alebo sherry. Medzitým rozohrejeme zvyšný olej a za stáleho miešania opražíme fazuľové klíčky, kým nezmäknú. Dochutíme sójovou omáčkou a soľou. Rozložte čili, zázvor a jarnú cibuľku okolo servírovacieho taniera. Do stredu poukladajte fazuľové klíčky a ozdobte kalamármi. Ihneď podávajte.

Vyprážané chobotnice

Pre 4 osoby

50 g hladkej múky (univerzálnej)
25 g / 1 oz / ¬° šálka kukuričnej múky (kukuričný škrob)
2,5 ml / ¬Ω lyžička prášku do pečiva
2,5 ml / ¬Ω čajová lyžička soli
1 vajce
75 ml / 5 polievkových lyžíc vody
15 ml / 1 polievková lyžica arašidového oleja
450 g kalamárov nakrájaných na krúžky
vyprážať olej

Múku, kukuričný škrob, prášok do pečiva, soľ, vajce, vodu a olej vyšľaháme na cesto. Kalamáry namáčajte v cestíčku, kým nebudú dobre pokryté. Zohrejte olej a opekajte chobotnice po niekoľkých kúskoch do zlatista. Pred podávaním sceďte na savý papier.

Balíčky kalamárov

Pre 4 osoby

8 sušených čínskych húb
450 g kalamárov
100 g / 4 oz údená šunka
100 g tofu
1 vajce, rozšľahané
15 ml / 1 polievková lyžica hladkej múky (univerzálnej)
2,5 ml / ¬Ω lyžičky cukru
2,5 ml / ¬Ω čajová lyžička sezamového oleja
soľ a čerstvo mleté korenie
8 wonton skinov
vyprážať olej

Namočte huby do teplej vody na 30 minút, potom sceďte. Odstráňte stonky. Chobotnice ošúpeme a nakrájame na 8 kúskov. Šunku a tofu nakrájame na 8 kúskov. Umiestnite ich všetky do misy. Vajíčko zmiešame s múkou, cukrom, sezamovým olejom, soľou a korením. Suroviny nalejte do misky a jemne premiešajte. Umiestnite klobúčik húb a kúsok kalamár, šunky a tofu tesne pod stred každej kože wonton. Prehnite spodný roh, prehnite strany, potom ho zrolujte a okraje navlhčite vodou, aby sa utesnil.

Rozohrejte olej a plátky opekajte asi 8 minút do zlatista. Pred podávaním dobre sceďte.

Vyprážané rolky s kalamármi

Pre 4 osoby

45 ml / 3 lyžice arašidového oleja
225 g / 8 oz krúžkov kalamárov
1 veľká zelená paprika, nakrájaná na kúsky
100 g / 4 oz bambusové výhonky, nakrájané na plátky
2 jarné cibuľky (nakrájané nadrobno).
1 plátok koreňa zázvoru, jemne nasekaný
45 ml / 2 polievkové lyžice sójovej omáčky
30 ml / 2 polievkové lyžice ryžového vína alebo suchého sherry
15 ml / 1 polievková lyžica kukuričnej múky (kukuričný škrob)
15 ml / 1 polievková lyžica rybieho vývaru alebo vody
5 ml / 1 lyžička cukru
5 ml / 1 lyžička vínneho octu
5 ml / 1 lyžička sezamového oleja
soľ a čerstvo mleté korenie

Zahrejte 15 ml/1 polievkovú lyžicu oleja a rýchlo opečte krúžky chobotnice, kým dobre netesnia. Medzitým na samostatnej panvici zohrejte zvyšný olej a 2 minúty opečte papriku, bambusové výhonky, jarnú cibuľku a zázvor. Pridajte kalamáre a za stáleho miešania smažte 1 minútu. Pridajte sójovú omáčku, víno alebo sherry, maizenu, vývar, cukor, vínny ocot a sezamový olej a dochuťte soľou a korením. Za stáleho miešania smažte, kým omáčka nezosvetlí a nezhustne.

Vyprážané kalamáre

Pre 4 osoby

45 ml / 3 lyžice arašidového oleja
3 jarné cibuľky (párky), nakrájané na hrubé plátky
2 plátky koreňa zázvoru, nasekané
450 g kalamárov nakrájaných na kúsky
15 ml / 1 polievková lyžica sójovej omáčky
15 ml / 1 polievková lyžica ryžového vína alebo suchého sherry
5 ml / 1 čajová lyžička kukuričnej múky (kukuričný škrob)
15 ml / 1 polievková lyžica vody

Rozpálime olej a opražíme jarnú cibuľku a zázvor do zmäknutia. Pridajte kalamáre a za stáleho miešania opekajte, kým sa obalia na oleji. Pridajte sójovú omáčku a víno alebo sherry, prikryte a duste 2 minúty. Kukuričnú krupicu a vodu zmiešame na pastu, pridáme na panvicu a za stáleho miešania dusíme, kým omáčka nezhustne a kalamáre nezmäknú.

Kalamáre so sušenými hubami

Pre 4 osoby

50 g / 2 oz sušených čínskych húb
450g / 1lb kalamárové krúžky
45 ml / 3 lyžice arašidového oleja
45 ml / 3 lyžice sójovej omáčky
2 jarné cibuľky (nakrájané nadrobno).
1 plátok koreňa zázvoru, nasekaný
225 g / 8 oz bambusové výhonky, nakrájané na prúžky
30 ml / 2 polievkové lyžice kukuričnej múky (kukuričný škrob)
150 ml / ¬° pt / štedrá ¬Ω šálka rybieho vývaru

Namočte huby do teplej vody na 30 minút, potom sceďte. Vyhoďte stonky a nakrájajte čiapky. Blanšírujte krúžky chobotnice na niekoľko sekúnd vo vriacej vode. Zohrejte olej, potom vmiešajte huby, sójovú omáčku, jarnú cibuľku a zázvor a za stáleho miešania opekajte 2 minúty. Pridajte chobotnice a bambusové výhonky a za stáleho miešania smažte 2 minúty. Zmiešajte kukuričnú múku a vývar a vmiešajte do panvice. Varte, miešajte, kým omáčka nezosvetlí a nezhustne.

Kalamáry so zeleninou

Pre 4 osoby

45 ml / 3 lyžice arašidového oleja

1 cibuľa, nakrájaná na plátky

5 ml / 1 lyžička soli

450 g kalamárov nakrájaných na kúsky

100 g / 4 oz bambusové výhonky, nakrájané na plátky

2 stonky zeleru, šikmo nakrájané

60 ml / 4 polievkové lyžice kuracieho vývaru

5 ml / 1 lyžička cukru

100 g / 4 oz mangetout (hrášok)

5 ml / 1 čajová lyžička kukuričnej múky (kukuričný škrob)

15 ml / 1 polievková lyžica vody

Rozpálime olej a opražíme na ňom cibuľu a soľ, kým jemne nezhnedne. Pridajte kalamáre a opekajte, kým sa obalia na oleji. Pridajte bambusové výhonky a zeler a za stáleho miešania smažte 3 minúty. Pridajte vývar a cukor, priveďte do varu, prikryte a duste 3 minúty, kým zelenina nezmäkne. Primiešame snehový hrášok. Kukuričnú krupicu a vodu zmiešame na pastu, vmiešame do panvice a za stáleho miešania dusíme, kým omáčka nezhustne.

Hovädzie mäso dusené s anízom

Pre 4 osoby

30 ml / 2 polievkové lyžice arašidového oleja

450 g / 1 lb chuck steak

1 strúčik cesnaku, rozdrvený

45 ml / 3 lyžice sójovej omáčky

15 ml / 1 polievková lyžica vody

15 ml / 1 polievková lyžica ryžového vína alebo suchého sherry

5 ml / 1 lyžička soli

5 ml / 1 lyžička cukru

2 klinčeky badiánu

Rozpálime olej a mäso opečieme zo všetkých strán do zlatista. Pridajte zvyšné ingrediencie, priveďte do varu, prikryte a duste asi 45 minút, potom mäso otočte, pridajte trochu vody a sójovej omáčky, ak sa mäso vysušuje. Dusíme ďalších 45 minút, kým mäso nezmäkne. Pred podávaním odstráňte badián.

Hovädzie mäso so špargľou

Pre 4 osoby

450 g hovädzieho mäsa, nakrájaného na kocky

30 ml / 2 polievkové lyžice sójovej omáčky

30 ml / 2 polievkové lyžice ryžového vína alebo suchého sherry

45 ml / 3 lyžice kukuričnej múky (kukuričný škrob)

45 ml / 3 lyžice arašidového oleja

5 ml / 1 lyžička soli

1 strúčik cesnaku, rozdrvený

350 g / 12 oz špargľových špičiek

120 ml / 4 fl oz / ¬Ω šálka kuracieho vývaru

15 ml / 1 polievková lyžica sójovej omáčky

Vložte steak do misy. Zmiešajte sójovú omáčku, víno alebo sherry a 30 ml/2 polievkové lyžice kukuričnej múky, nalejte na steak a dobre premiešajte. Nechajte 30 minút marinovať. Zohrejte olej so soľou a cesnakom a smažte, kým cesnak jemne nezhnedne. Pridáme mäso a marinádu a za stáleho miešania opekáme 4 minúty. Pridajte špargľu a restujte 2 minúty. Pridajte vývar a sójovú omáčku, priveďte do varu a varte za stáleho miešania 3 minúty, kým sa mäso neuvarí. Zvyšnú kukuričnú krupicu zmiešame s trochou vody alebo vývaru a vmiešame do omáčky. Varte za stáleho miešania niekoľko minút, kým omáčka nezosvetlí a nezhustne.

Hovädzie mäso s bambusovými výhonkami

Pre 4 osoby

45 ml / 3 lyžice arašidového oleja
1 strúčik cesnaku, rozdrvený
1 jarná cibuľka (nasekaná cibuľka).
1 plátok koreňa zázvoru, nasekaný
225 g chudého hovädzieho mäsa, nakrájaného na prúžky
100 g / 4 oz bambusové výhonky
45 ml / 3 lyžice sójovej omáčky
15 ml / 1 polievková lyžica ryžového vína alebo suchého sherry
5 ml / 1 čajová lyžička kukuričnej múky (kukuričný škrob)

Rozpálime olej a orestujeme cesnak, jarnú cibuľku a zázvor, kým jemne nezhnednú. Pridajte hovädzie mäso a za stáleho miešania smažte 4 minúty, kým jemne nezhnedne. Pridajte bambusové výhonky a za stáleho miešania smažte 3 minúty. Pridajte sójovú omáčku, víno alebo sherry a kukuričnú múku a za stáleho miešania smažte 4 minúty.

Hovädzie mäso s bambusovými výhonkami a hubami

Pre 4 osoby

225 g chudého hovädzieho mäsa
45 ml / 3 lyžice arašidového oleja
1 plátok koreňa zázvoru, nasekaný
100 g / 4 oz bambusové výhonky, nakrájané na plátky
100 g šampiňónov, nakrájaných na plátky
45 ml / 3 lyžice ryžového vína alebo suchého sherry
5 ml / 1 lyžička cukru
10 ml / 2 čajové lyžičky sójovej omáčky
soľ a korenie
120 ml / 4 fl oz / ¬Ω šálka hovädzieho vývaru
15 ml / 1 polievková lyžica kukuričnej múky (kukuričný škrob)
30 ml / 2 polievkové lyžice vody

Mäso nakrájajte na tenké plátky proti srsti. Zahrejte olej a pár sekúnd opečte zázvor. Pridajte hovädzie mäso a za stáleho miešania opečte, kým nezhnedne. Pridajte bambusové výhonky a huby a za stáleho miešania smažte 1 minútu. Pridajte víno alebo sherry, cukor a sójovú omáčku a dochuťte soľou a korením. Primiešame vývar, privedieme do varu, prikryjeme a dusíme 3 minúty. Zmiešajte kukuričnú múku a vodu, vmiešajte do panvice a za stáleho miešania varte, kým omáčka nezhustne.

Čínske dusené hovädzie mäso

Pre 4 osoby

45 ml / 3 lyžice arašidového oleja

900 g / 2 lb steak zo skľučovadla

1 jarná cibuľka (pokrájaná cibuľka).

1 strúčik cesnaku, mletý

1 plátok koreňa zázvoru, nasekaný

60 ml / 4 polievkové lyžice sójovej omáčky

30 ml / 2 polievkové lyžice ryžového vína alebo suchého sherry

5 ml / 1 lyžička cukru

5 ml / 1 lyžička soli

štipka korenia

750 ml / 1¬° bod / 3 šálky vriacej vody

Rozpálime olej a mäso na ňom rýchlo opečieme zo všetkých strán. Pridajte jarnú cibuľku, cesnak, zázvor, sójovú omáčku, víno alebo sherry, cukor, soľ a korenie. Za stáleho miešania privedieme do varu. Pridáme vriacu vodu, za stáleho miešania privedieme k varu, prikryjeme a dusíme asi 2 hodiny, kým mäso nezmäkne.

Hovädzie mäso s fazuľovými klíčkami

Pre 4 osoby

450 g chudého hovädzieho mäsa, nakrájaného na plátky
1 vaječný bielok
30 ml / 2 polievkové lyžice arašidového oleja
15 ml / 1 polievková lyžica kukuričnej múky (kukuričný škrob)
15 ml / 1 polievková lyžica sójovej omáčky
100 g sójových klíčkov
25g nakladaná kapusta, nastrúhaná
1 červená paprika, nakrájaná
2 jarné cibuľky (šalotka), nakrájané
2 plátky koreňa zázvoru, nasekané
soľ
5 ml / 1 lyžička ustricovej omáčky
5 ml / 1 lyžička sezamového oleja

Hovädzie mäso zmiešame s bielkom, polovicou oleja, kukuričným škrobom a sójovou omáčkou a necháme 30 minút odpočívať. Fazuľové klíčky blanšírujte vo vriacej vode asi 8 minút takmer do mäkka, potom sceďte. Zohrejte zvyšný olej a mäso opečte na panvici, kým jemne nezhnedne, a potom vyberte z panvice. Pridajte kapustu, čili, zázvor, soľ, ustricovú omáčku a sezamový olej a za stáleho miešania restujte 2 minúty. Pridajte fazuľové klíčky a za stáleho miešania smažte 2 minúty. Vráťte mäso na panvicu a za stáleho miešania opečte, kým sa dobre nespojí a neprehreje. Ihneď podávajte.

Hovädzie mäso s brokolicou

Pre 4 osoby

450 g / 1 lb steak, nakrájaný na tenké plátky
30 ml / 2 polievkové lyžice kukuričnej múky (kukuričný škrob)
15 ml / 1 polievková lyžica ryžového vína alebo suchého sherry
15 ml / 1 polievková lyžica sójovej omáčky
30 ml / 2 polievkové lyžice arašidového oleja
5 ml / 1 lyžička soli
1 strúčik cesnaku, rozdrvený
225 g ružičiek brokolice
150 ml / ¬° pt / štedrá ¬Ω šálka hovädzieho vývaru

Vložte steak do misy. Zmiešajte 15 ml / 1 polievkovú lyžicu kukuričnej múky s vínom alebo sherry a sójovou omáčkou, vmiešajte mäso a nechajte 30 minút marinovať. Zohrejte olej so soľou a cesnakom a smažte, kým cesnak jemne nezhnedne. Pridajte steak a marinádu a za stáleho miešania smažte 4 minúty. Pridajte brokolicu a za stáleho miešania smažte 3 minúty. Pridáme vývar, privedieme k varu, prikryjeme a dusíme 5 minút, kým brokolica nie je mäkká, ale stále chrumkavá. Zvyšnú kukuričnú krupicu zmiešame s trochou vody a vmiešame do omáčky. Varte, miešajte, kým omáčka nezosvetlí a nezhustne.

Sezamové mäso s brokolicou

Pre 4 osoby

150 g chudého hovädzieho mäsa, nakrájaného na tenké plátky
2,5 ml / ½ čajová lyžička ustricovej omáčky
5 ml / 1 čajová lyžička kukuričnej múky (kukuričný škrob)
5 ml / 1 lyžička bieleho vínneho octu
60 ml / 4 polievkové lyžice arašidového oleja
100 g / 4 unce ružičiek brokolice
5 ml / 1 lyžička rybacej omáčky
2,5 ml / ½ lyžičky sójovej omáčky
250 ml / 8 fl oz / 1 šálka hovädzieho vývaru
30 ml / 2 polievkové lyžice sezamových semienok

Mäso marinujte s ustricovou omáčkou, 2,5 ml / ½ lyžička kukuričnej krupice, 2,5 ml / ½ lyžička vínneho octu a 15 ml / 1 lyžica oleja na 1 hodinu.

Medzitým zohrejeme 15 ml / 1 polievkovú lyžicu oleja, pridáme brokolicu, 2,5 ml / ½ rybacej omáčky, sójovú omáčku a zvyšný vínny ocot a zalejeme vriacou vodou. Dusíme asi 10 minút do mäkka.

V samostatnej panvici zohrejte 30 ml/2 polievkové lyžice oleja a krátko opečte hovädzie mäso, kým dobre uzatvorí. Pridáme vývar, zvyšnú maizenu a rybaciu omáčku, privedieme do varu, prikryjeme a dusíme asi 10 minút, kým mäso nezmäkne. Brokolicu sceďte a poukladajte na teplý servírovací tanier. Navrch poukladáme mäso a bohato posypeme sezamovými semienkami.

Grilované hovädzie mäso

Pre 4 osoby

450 g chudého steaku, nakrájaného na plátky
60 ml / 4 polievkové lyžice sójovej omáčky
2 strúčiky cesnaku, rozdrvené
5 ml / 1 lyžička soli
2,5 ml / ¬Ω čajová lyžička čerstvo mletého korenia
10 ml / 2 lyžičky cukru

Všetky ingrediencie spolu zmiešame a necháme 3 hodiny marinovať. Grilujte alebo grilujte (grilujte) na rozpálenom grile asi 5 minút z každej strany.

Kantonské hovädzie mäso

Pre 4 osoby

30 ml / 2 polievkové lyžice kukuričnej múky (kukuričný škrob)
2 bielka, vyšľahané
450 g steaku nakrájaného na prúžky
vyprážať olej
4 zelerové tyčinky, nakrájané na plátky
2 cibule, nakrájané na plátky
60 ml / 4 polievkové lyžice vody
20 ml / 4 lyžičky soli
75 ml / 5 lyžíc sójovej omáčky
60 ml / 4 lyžice ryžového vína alebo suchého sherry
30 ml / 2 polievkové lyžice cukru
čerstvo mleté korenie

Polovicu kukuričnej múky zmiešame s bielkami. Pridajte steak a premiešajte, aby sa mäso obalilo v cestíčku. Rozpálime olej a steak opečieme do zlatista. Vyberte z panvice a sceďte na savý papier. Zahrejte 15 ml / 1 polievkovú lyžicu oleja a opečte zeler a cibuľu 3 minúty. Pridajte mäso, vodu, soľ, sójovú omáčku, víno alebo sherry a cukor a dochuťte korením. Priveďte do varu a za stáleho miešania varte, kým omáčka nezhustne.

Hovädzie mäso s mrkvou

Pre 4 osoby

30 ml / 2 polievkové lyžice arašidového oleja

450 g / 1 lb chudé hovädzie mäso, nakrájané na kocky

2 jarné cibuľky (plátky cibule).

2 strúčiky cesnaku, rozdrvené

1 plátok koreňa zázvoru, nasekaný

250 ml / 8 fl oz / 1 šálka sójovej omáčky

30 ml / 2 polievkové lyžice ryžového vína alebo suchého sherry

30 ml / 2 polievkové lyžice hnedého cukru

5 ml / 1 lyžička soli

600 ml / 1 bod / 2 ¬Ω šálky vody

4 mrkvy, nakrájané diagonálne

Rozpálime olej a mäso opečieme, kým jemne nezhnedne. Prebytočný olej scedíme a pridáme jarnú cibuľku, cesnak, zázvor a aníz a restujeme 2 minúty. Pridajte sójovú omáčku, víno alebo sherry, cukor a soľ a dobre premiešajte. Pridajte vodu, priveďte do varu, prikryte a varte 1 hodinu. Pridáme mrkvu, prikryjeme a dusíme ďalších 30 minút. Odstráňte pokrievku a dusíme, kým sa omáčka nezredukuje.

Kešu hovädzie mäso

Pre 4 osoby

60 ml / 4 polievkové lyžice arašidového oleja
450 g / 1 lb steak, nakrájaný na tenké plátky
8 jarných cibuliek (šalotky), nakrájaných na kúsky
2 strúčiky cesnaku, rozdrvené
1 plátok koreňa zázvoru, nasekaný
75 g / 3 oz / ¬œ šálka pražených kešu orieškov
120 ml / 4 fl oz / ¬Ω šálka vody
20 ml / 4 čajové lyžičky kukuričnej múky (kukuričný škrob)
20 ml / 4 čajové lyžičky sójovej omáčky
5 ml / 1 lyžička sezamového oleja
5 ml / 1 lyžička ustricovej omáčky
5 ml / 1 lyžička chilli omáčky

Polovicu oleja rozohrejte a mäso opečte na panvici, kým jemne nezhnedne. Odstráňte z panvice. Zvyšný olej rozohrejeme a jarnú cibuľku, cesnak, zázvor a kešu opekáme 1 minútu. Vráťte mäso do panvice. Zmiešajte zvyšné ingrediencie a zmes vmiešajte do panvice. Priveďte do varu a za stáleho miešania varte, kým zmes nezhustne.

www.ingramcontent.com/pod-product-compliance
Lightning Source LLC
Chambersburg PA
CBHW071859110526
44591CB00011B/1479